**James Adaı**

PUBLISHED BY: James Adams
Copyright © 2019 All rights reserved.

No part of this publication may be copied, reproduced in any format, by any means, electronic or otherwise, without prior consent from the copyright owner and publisher of this book.

## Introduction

Welcome to the Ultimate Motor Sports Word Search Collection!

This puzzle collection is a celebration of the thrilling world of motor sports. It contains word searches for hundreds of drivers and riders. The puzzles hold all the fearless legends of motor racing from the early days of competition to the modern-day heroes of today.

This book has searches for Formula One drivers and the constructors, for the victors in Indy 500 and Le Mans, in Daytona 500 and Dakar Rally and many, many more. It also includes motorbike racing with the very best riders from the Grand Prix races to the Isle of Man TT competition.

Grab yourself a pencil now and prepare for the greatest video game word search collection anywhere! Challenge your friends and family to see who can become the true champion! If you love watching any form of motor sport, whether on four wheels or two, then you will love this word search collection.

I wish you the very best of luck. Let's get started right now!

James

## F1 Winners I

```
R O A T O C E G Y Y M R J V D F S V U D
G U W A O I C S Z W Z W M D M I X C R X
C D Y N F I H K H A M I L T O N V L H D
P T N N Z R I K C O P T A A Y P E A F V
G O C E A Z L Y N I Z O B S J Q T R A N
L R Q S U F Q V M X T P K J V E T K E K
H F W W C G R U O P R O S T U S E V M W
N Z K S C H U M A C H E R J S S L X B A
L R F I A V D F Y G D Y C U P W G K K D
L D R C C Z P F O P E E G J Y P T R E U
E V E L D L J H B M H A G P L K R R J A
S C O L S G B Z B I G R P W Y Q A L U L
N C K X W E L X W M X C Q Y I D W Q B N
A X E W R L G W Q J C H H O L U E A E O
M Y R J R H L T B M H X S M J O T M T O
A T S K T P Y I X F I I C R X S S E K R
E M Y G Q M S R P V K Z N G Q N Z C S L
N I R V M G P R N B Q E M T K O V D W G
V E F L V K C Z G G U C C N Y L E V U B
T N I P N Q M Y W J Q O M D G A S N I H
```

**Schumacher**  **Hamilton**  **Vettel**  **Prost**  **Senna**
**Alonso**  **Mansell**  **Stewart**  **Clark**  **Lauda**

# F1 Winners II

```
T K A K G E G X Q Z E N Q W J X I I N A
J V Q X P Q G R V W G J H A K K I N E N
S V Z T Q N D Z C D G Y D G X M P O I V
Q D O F H J G T Y S Q L Z X A D E I K K
C D Y F B T R H N X Y S V J J I Z G P K
B X I J W A T A A B L U Y L R Y X N I C
P Z J O R E T J I B X X S R J U F A Q M
I F R C S F U N L K F N X W U M L F U W
X F O B Z A C J A K L R W F W U I E C
V F T W G H Z I O W R O S B E R G E T A
Y N X E J D Y L G V T L N T Y T J L G C
E E C G S N H M D S E E I E E M P U Y R
Q B Y X A Z Y I H I A E Q A N S U C Q S
Y Q T K T C B S L K C W S G X C L I Q B
B R A B H A M S R L U E S P N M A Z W O
M L K P Z I N W N P G O O N L A S Y W S
Q S R R M Q K O J E B U T T O N V P Z S
B D C I S W D R A Q M C J J T W L C H O
G A G H I L L K O B H C W N T F Y Y V M
G Y P J K L M C U B D U L I Z P M X O T
```

| Fangio | Piquet | Rosberg | DHill | Raikkonen |
| Hakkinen | Moss | Button | Brabham | GHill |

## F1 Winners III

```
H A W Q N A A I B B U Y C E M B Z W V U
S L N D Q D E U E B L X O U Y A Q Q M W
Q I U D E C F D E X B N O T G R J M E B
A Q U G R W B N P V Q N C L C R X N V G
V P M Y I E G M H E I A N Y T I W M U U
D X E Q J W T T O V L M E R N C L P E G
X B R T X I Z T J V G E P E K H B I N A
Z G T E E M X T I O A T E Q F E Y D E B
E W K O F R P W P R N U B H T L B L L P
J D Y P M E S T Y Y N E U Z G L L A L V
Y X Y J U O H O B W Q R S K L O H P I I
C L G R F L I T N T Y P W M D O Q I V P
J N T Z L U C S T I A Y B G T B N T T D
B I U C C N Y Z G K J S X F G W I T I S
G B R O R A A F Y I F W C K S A P I N M
Y C C O U L T H A R D G W A X W X F N A
X I V O I G U L W B O D S L R P F K O S
X U U F E N V B W T C Z X P F I M H W S
M Q V K C H P A O Q N H O Q B W G J L A
K S T X Z J D U N R I S K M U P J Y I O
```

| Fittipaldi | Ascari | Coulthard | Andretti | Reutemann |
| Jones | Villeneuve | Barrichello | Massa | Peterson |

# F1 Winners IV

```
A R N O U X F B J B I X H T P O F X B H
V A T H K B N I K Q I E A N Z I C K X D
H Z O Z L V D C Q B M A V S I M M B K Q
E I O J R B A A K S E T L K P H J R S U
S Y G C H A S L W P S R Z R D U B W B V
L K H O D H O W U M B J G X Y L T U E W
O S O V Q K K K E C O S F E F M N S B R
T H O D Q F R D C X C N W L R E U H R O
W P Z V D E E I N L J V T N H L H Q O L
V S O I U Y C U C P R N D O U H W G O C
M J C I I P P P Q C Y F B H Y N B X K T
P L H H X Q J Y E R I N J P P A P Q S C
R K A B E R X C K E K A L O F S Q A I L
F H N I Y C B X Y B L B R E Q C E S K W
U Y L W A J K M M B F Z A D A L R C R G
D F Y T A N L T M E O B Z O O N M T B A
R E T C H G Z C E W M Q G B H C B W A J
O X V Q Z O G J G R I D D W U U K G C E
K I X T I Y D U N Q M F B D A L I H H I
E K O D B P B K R B Q G Y O Y K U H H D
```

**Scheckter**    **Hunt**    **Berger**    **Webber**    **Hulme**
**Ickx**    **Arnoux**    **Montoya**    **Ricciardo**    **Brooks**

## F1 Winners V

```
R T L E O S U G X F R C O I R L F L Z I
Y B E U A L R M H M P Q W I I I A Y Z J
A S B U Q P Q G G C A Q D R N V R A B Y
I F Q P Y G Q F D M T B D K D G I T Q Z
U D I L Z H C G U N R C T T T V N G V X
Y R K M N G V I L L E N E U V E A R F K
G S K N B R F N J J S U N S F P F M O R
W C A R I C H J O B E S U R T E E S I O
O H U C Z J Z V D U Q R M H F U H B E S
L U X A W K X G A S G E V T S T Y D I B
K M T Q V Y J W T S A G C F L B E Q V E
L A Y V O L F G E M O A G O X L M W O R
U C M L J Q I H D A E Z L A F F I T E G
L H I Z B X T J W F J Z J I Y T F D T W
R E Q C R M P G L B F O Y N N J I E G U
E R D H E S F C Q D I N L U J M G Y C Q
A E E F M X I E K P S I S O B E X D G N
T R W U Z N A M V Z D M K U Q S C O A C
N W A T S O N C V N N T X R Q L X V W J
P X T J E D C X B E H N W S J M W Z I E
```

**Surtees**    **Rindt**    **Laffite**    **GVilleneuve**    **Patrese**
**RSchumacher**    **Farina**    **Regazzoni**    **Watson**    **KRosberg**

# F1 Winners VI

```
W I T E F E W Y U B Q P B I S W M M N U
E T N I T B L E W K K E C W E P N C P L
N T U H R C T H J I D V H C Z X H L L G
Y G X N X V H T E K O E G P V S R A I Q
T N P L N P I Q H O B R Q A C M H R B H
S G T A U I G N U L X S J Q Q J Y E O H
I C V R Y B L U E Y H T K I U N Q N T A
V U G N X O I P N G A A P Z B I C Z E W
Z A W X G U U M S P Z P X Z V O Y V R T
P P S Z U T Y L C I P P J M P J P F O H
A U N D I S F X S R T E N U L R G X B O
W Z F K E E C C N O W N L S L S Z V L R
C G U J H N U J I N P P G G X K Y H A N
S N L X U J Y D L I H G L U K A I E J A
C B V A E F Z W L S I L Q R O N E L V Z
Z P F X C N O S O E L T N N X M W J L Y
V V Z H F V Q S C S L V J E D O M B U P
Y X J V N P H W O R O Z Z Y D Y R F O X
P L J C Q N H Q N L Y I J U Y V M H X Y
J E O C T O J T J C T P S H I N Y S K X
```

| | | | | |
|---|---|---|---|---|
| **Alboreto** | **Verstappen** | **McLaren** | **Gurney** | **Irvine** |
| **Hawthorn** | **Collins** | **PHill** | **Pironi** | **Boutsen** |

## F1 Winners VII

```
X X L E Y N L I E U F F X Z N C Q E P O
S X F N O K V G R K X F C T S V I Y Q H
H W D L G I J Z P E F M Y O F T H V M Z
H P W J Y B I X R O D R I G U E Z A S G
M J R X W S O V T R I N T I G N A N T I
E C P I A V S K Y A O T L B N W Z C X O
K O T P L I I M Q C V P R R V F G T X G
T D R J L D K S I M J K V I U L D B F Z
S Z E Z E L D E B K C U E M P M W F R E
M N F F H T F F O Q J K S U M S R J E L
C W F Q C Y G K T R C A U G O B E R N A
M K I W I Z D B T G O V F S J T H A T Z
Z O S O S B S U A C B E A L Q E W L Z N
D Y B E I R R O S W G A S Z M Q F W E O
K I M C F A M D Y F G H E R B E R T N G
F D Q K U J R F Y A Y K C X K H R Z W O
V U K O V I C H H A B E W H P M W H U C
V U L E W F Q I H T Q R D N R O C M B A
U X F I R B U A F D E C M K Q X N K I K
Q H Z N Z Z T I A B V G U L H D F Z O T
```

| | | | | |
|---|---|---|---|---|
| **Herbert** | **Frentzen** | **Fisichella** | **Bottas** | **Gonzalez** |
| **Vukovich** | **Trintignant** | **Trips** | **Rodriguez** | **Siffert** |

# F1 Winners VIII

```
B Z R A D F N L U K P A E X U E I N X G
J G C C Y Y I U U C U G B K A D L X Q U
L G V F S J B J S T Q A C P K C N P H T
P G R N R R V S F A C S T A V H R Q O A
I V R R I A F K L R K P R R E V S O N M
R X I F S G S T D U N M D S E A S C F B
X O A A F H Y T R F U S R O O O O S F A
N U T K A Y J D A F A I Z N E Y G J R Y
C Q O Z G D M D L I C L E S I P V P D B
F E W F I K T I L S J E Y F Q T Q K Z N
T W M M O Q V E A Y S G J Q F F K L I G
W E G K L L K L W H M N A H A K A F W U
P O J O I X C L G C U A K T R W K C V F
C G N G E L W I D E P A I L L E R M Z D
R I D P B A I U F U E C U J K M V I E N
Q C Q W Q P N O U P M K F K T J O X X C
M T F Q L E E B A S I L C P W X B E J N
E D K B B W E A A G J Z C J O G W T K O
C A N S U A R J B N R U T T M A N D Z S
R X Y P F Z U U D F X N S X A Z I C K X
```

| Revson | Depailler | Jabouille | Tambay | Angelis |
| Parsons | Wallard | Fagioli | Taruffi | Ruttman |

# F1 Winners IX

```
N N E M Y Y D T J A M H L M B G V P A F
M W S G R Y W P T Y C G F L A H E R T Y
P K K U Z O L A L G A O B Z Y I T W Z D
K Y E Y B N M X N V X R G E O V M L U L
R Y J E J Q H R Z F K G X P R Q R R V I
V X N M V T B A S J M Y Q X K X U Z B R
W R X I Y U I X U S V B A G H E T T I E
D I X D K O M K D M I N M W Q P B C J L
L Z U R R P Z C C D Q U R Y N N I H N A
M A R A K H Y S W R Z W F D K N M Z B N
C D E W B N U M A J Y A Z B D A V I W D
F N I P S O H K C A O B L O K M B H B J
S W N H L W T P Z U V Z B C S H J W R G
S U N W S T E K Q C F L Z Q Z T N G Y W
K K O T R W Y I V K C L M D X A N S A G
N R B I S T A F K M U S S O N R H Y N L
A H G Y X Q U D H E Z G I P L C N D X P
H P Q G Q S K K U V R H Y M J R F T D X
R E R S C H W W T X I T N P I E M H X G
J H C K Z Q C U F E O E F T C Y A J W V
```

**Sweikert**     **Musson**     **Flaherty**     **Hanks**     **Bryan**
**Ward**     **Bonnier**     **Rathmann**     **Baghetti**     **Ireland**

# F1 Winners X

```
F W J X H M Y B J E I I W P L P O K G G
N M J R A E P B Y U A H J O E M O V I J
U R A K U Q J N S S V Q A J G W V B O U
K N R E I R X Y V U F Z U K Z A C I A A
Z W D Y K P T N J L G G W X A T P I M P
A D R E S Q I P I A I E J V F U N L D P
H B D W Q T F G B D N M G E X P U V F K
R A K H A Q Y D E R T D S D F A W Y E G
L Y B N J I O S N M H T B M Q D Y B I T
C G S G O C Z M S H E R R S N U M R Z B
R S H A J R U D C C R E A S O V T P X A
I X X D W G X D A K C V M A S C A E W N
C M W T A C O Y R G C E B M S K E R J D
W L D O Z V Q N F L X C I N L B S P K I
D Y G W O R Y P I G S Q L Y I X I O V N
P X T E Q S W W O F A M L Z N L O P L I
S H H F T A S X T H V T A B A X T L Z U
G H D J R H Y T T I P W P R K C L F E S
U B T X D T I X I N K S O T M A E D F L
B O P A C E C N Y G F P A W F N B R Z I
```

| Bandini | Ginther | Scarfiotti | Gethin | Cevert |
|---|---|---|---|---|
| Beltoise | Pace | Mass | Brambilla | Nilsson |

# F1 Constructors I

```
F E R R A R I O I M R F X S T M D Z H S
F Z Z F E J E B Z N S I G W A E W T N R
D T G P W M N T R S A M Z V F R W S E V
K J G J D I M C O C A V S O I C G T M H
T M J H N H V U F R H P V R W E L N F J
P Z S R V K J P D Z O M N K B D T I Q W
B X O S E T T B U C C R D R M E L O G D
U F I O N M J Y I G J N O U L S U P U L
E U Y D B S Z M D A G W M S O Q A G U L
B Y Q S A P E D T C K Y M S S V N N G U
O M M V X O N W M A Q U U W X O E I J B
E Z C K Z K W N A P A L O R Z H R C W D
M N V R E E M X T G V N W E O P D A G E
O V N T H K A R X O G E E I T T D R O R
R X G W M X R E Y N W R M R L N O D W G
A V F E L X G S X M F A C D D L D Y U B
F J M F R V P S Q D Y L R P N F I P E R
L K W E J W Q R C N X C V M A B P A S K
A H B K T M G J N V T M R O O D U D M E
J T G B N I U R E U J I Z F L Y R P R S
```

**Ferrari**  **McLaren**  **Williams**  **Renault**  **RedBull**
**ToroRosso**  **Mercedes**  **AlfaRomeo**  **Haas**  **RacingPoint**

# F1 Constructors II

```
D Z Z F O U Q A U M O A S Z R Y O T U E
H F P P O T I M R G A K J O R D A N L S
O O Z C K H V L B E H R H E W I X B D O
L U O J B I G O R H J L C K U B I K O P
Y A O G K E M T A U H A B H R R J O H E
P K K C G H N U B T T Z O A E F E Q C A
F M J N H T W S H R J Y L G I I N Q M B
K Z U Z I X Y L A J Q N V U G A A U I E
I X O J W Y F R M V X N I F I Z J T N N
P Z P W E D N F R O K L Y H L N G V A E
W L F K S K B G N E U D U Q K N W J R T
R U U V W R Z D X E L C C K I R S W D T
M I F W B G W M M C O L A R R O W S I O
V D F W D P J K R R X N Z D X Q A S O N
C S F N O K C G Q U L L M P E S S R H X
I M M X D Q O E R N Z Q H X K F A Q I Z
C K O T T V Z W Z O Q L N A J Y U T O M
O B M Z J T X C D Y M L U Q T V B U H Q
W E X F M Z W F W Q M W N U N Q E N P K
B K S U R A U U W J Q X R A U S R Q W J
```

| | | | | |
|---|---|---|---|---|
| **Lotus** | **Sauber** | **Tyrrell** | **Brabham** | **Arrows** |
| **Minardi** | **Ligier** | **Benetton** | **Jordan** | **March** |

# F1 Constructors III

```
X Z E L R O L T A H M F V O D P B O G J
B Q K N J J A Q B M K Y B L L X S G X J
N G R O T S C G Z L I A N N M Y Q V O B
S N A Q Z M R E O J N N I Q R N U C T K
M K P Q D I Z H A Z J G T O S M K M D O
P X C D R Y T O I L D C N O H B C N C I
E F I A U Z B J G Y Z Q K T G Z X G F N
D K F Q U X U Q Y T Y A V S K U O I I Y
N M R N I V T U U V V V F E R F R S T L
T S H A D O W U X F V X N E W A V N I K
T B O P J A L J E G B E X T M L N E P U
T N A B K J Z A V P O G Y R S L O E A Z
C O U C N O E Y Q U I G T U L E T Z L U
R X G I I B B X J W Y L E S C S L Q D G
E E H N O F Q I H T H T E F H O L O I H
P P C X W D I Z E M X T P K J F I F L M
O C J B X B L U D K I A S R G S Z U E A
O R E W V R D S Y Q W W X B X H O N D A
C P I A H B P E Z S C M G U C S R D L Q
J A G U A R M A Y P P T O Y O T A D V A
```

| | | | | |
|---|---|---|---|---|
| **Osella** | **Lola** | **Toyota** | **Ensign** | **Cooper** |
| **Fitipaldi** | **Surtees** | **Shadow** | **Honda** | **Jaguar** |

# F1 Constructors IV

```
X T N N H W M O O K G X X M T V Y T A A
Z E S Q U O K L H C H J W G Z S L W S D
C A I N M L I N E R I G X W I N K Y W P
Q C F N R F R N K Z X J F C N C U F B J
D Y A U B Q M C S X O U S Q O F H N G P
E Y D C S W O E N F T K Z O L N A F Y O
D B F X N I E O E W P W T D O S G A P K
V F X D Z O O D P W X Q S A C S I C O N
Q A F Q T J A O K J F A Z L O S K T R K
Y S E Y T P R O S T T T R L Y P B Q S T
U R L H Z C W O Y D R S D A A W J V C B
V R R H E I B X P U A W D R I L Q O H B
D V A X K Q G U F U W B L A T N M M E H
D T E W K L T X X J E V B Y A H P A R F
H L N V J I V H J Q T G S T R F G H H B
Y N X W A J L I D V S Y O R E X J R Y Q
C R R Q A U Y H R C G W X J S H I E D G
T Z Q C Z M E P N G L G G B A X U T I J
V G L A Y J J T H I I F I D M H B A Z R
H X M J J W M Q I Q F N R C R E O C A S
```

**Prost**   **Dallara**   **Maserati**   **Coloni**   **Caterham**
**Stewart**   **Wolf**   **Penske**   **Virgin**   **Porsche**

# F1 Constructors V

```
V O E F Z A E L D Z F T Z R F A N R X X
A R X E Q D Z W D N G P J O B H Y H Q F
S R A J Y H K X U Q B N L M Q I V T W N
Q E U V A Z H G F B G T S M Z H P V K I
E B Y B E S T G K L R G E T H Z Q J P G
Z B E W E P T F C W L T E R G Z H Q U E
S F Z L T X A O K D I C T Y N V O W O L
J R V O L X D M N N P V V T E I E G Z V
C C I Q L A Y N F M E P F M T Z U F K E
B E Y N A C S D D G A U V L A M B O G S
T V G T N B U I X R N R S L Q W E U I Z
X G E L C X Y B U G W F T M Z J D X A I
C T W S I Y A A K F S R P I F I I O M R
Q Y O F A B G R V P L P L Q N C N I C U
V Y E I R D P A N T C T F B P F I T G T
I P E F I I X C H S O F B J T A T T U N
I P C G M D X S Z W M K C E W M R A I E
S V V O Q Y U I W Z V J T W L O A G R V
U H X H W I J D H P H I Q D T N M U E N
O Y Z Q O Q H M Q P Z Q G Q N H G B B J
```

| Lambo | Venturi | Martini | AstonMartin | Bellasi |
| Scarab | Amon | Lancia | Bugatti | McGuire |

## Indy 500 I

```
K F A D X N O L E B E P D R B S Y V L U
E V C A S T R O N E V E S B E Z E D E A
J Y V S S L X A X C B T E N W S S T N A
G A C R G J E E J G T V V T X Z W X A I
T V I Y O S T M H V B G D Y S Y L X R P
K O I W R S I Q Y U D P D G M R Y C U Z
A T P N E L S Q K X N J J K M A Y R J Q
N A D Q V S T I I Q A A B I S X A S E E
A G Q I L X R A U B Y I M M N U E N A T
A V G L L I C C S Y M T R L H Z R W Q L
N U Y N E L S A P F Z T F O R Y R W A N
O E Z R T D T Y V P X I V F Z J E J Y U
N J W F I O P O K M E H E J B T T O M M
P R H G H H H T D Q U C L M M D N U I A
S R E Z F R S N K L J N V E I G U Q V I
D T L D O I I O P Q O A Y L B M H R P N
F T D R I Q N M V C G R F D L K E J T F
L T O N B X R S G Y Y F O I H N B M H U
O E N I W J O E G T I J E R I K X Y B C
Y S A T O I H N H V K W H M V K X W B O
```

Sato   Rossi   Montoya   HunterReay   Kanaan
Franchitti   Castroneves   Dixon   Hornish   Wheldon

# Indy 500 II

```
E W C Z L L F L Z R R X O E H S E B C C
Y H R L U N S E R M N V C R Y Y G X R X
V N I P Z U C R I J A Y H C P N Y J H V
I I M W Z Y K W F B M I V I S E P C N S
Y X X R P L H Z E X H K I T Q I F H U Q
N X T Q J E F L R H C A L H I A J E T W
N U W I P B Y M R K F G L C L J U E L W
R B M E A R S F A D F G E B T P J V T T
T R N I B W F M N F G O N R U P A E U N
G Z K T G H J K G V F Z E R I Z D R B V
W X X G C O R X P Y A Y U O I C K Q W A
J R F E Z D Y Z K N B Z V C D J E J Y U
D E F B C L E K Y G A G E T L K D K O K
O I W S O E G W D A Y K B S A Z A B Y F
H Z P C L B K O N D O M Q P P E Y R K C
A A W Y S A S O E A M N E Z I M B C C G
A L V C K C V D Y Q M S U V T D A R A I
L G A Y A G T X U U N I F X T E C X R Z
K E G R L L P Z L K K N M P I Z B G B L
L B N S X S T S C D G Q L T F K W M G E
```

| Rice | Ferran | Brack | Cheever | Luyendyk |
|---|---|---|---|---|
| Lazier | Villeneuve | Unser | Fittipaldi | Mears |

# Indy 500 III

```
J J D J E S A H G T K O H S L M V T E V
O Q C N K P B O K Q M R E Z B J G A U T
H P Z J R V U L N O X W F W V H F O Z R
N K Q E G S E F R L B Y L T I S X A N A
C V X D K F I F D R X X T R M U X P P H
O A Y K C R Q A C D J A I L S L I B Q A
C U X N T G C C B M D N Y T N L X H J L
K M H R I J D E B F O D L J F I C I P B
F O Y T K U O P P L N R R M O V L L A H
W S J Q L Y N S R W V E W X L A A L X H
C P Q B W D O H R B E T G N C N R N T G
L K X Z X R H R O M A T M E F C K H D D
M B O C G O U S B L G I D L R J Y H N E
W Q V F U F E E I I L C E D S D P I W J
O Y Q T A R R Q A X K N W N I C N Z U U
G A C Y S E F P D I J R W H G B R M P U
W F K T R H W R P S N E V A V I W Y M J
K U U N W T A P P P C F J X T I X O R U
L R I G R U A V V R I B E S Q S X X W W
Z D B X Y R V I I N A X S X A N W Y S A
```

**Rahal** **Sullivan** **Sneva** **Johncock** **Rutherford**
**Foyt** **Donohue** **Andretti** **Hill** **Clark**

# Indy 500 IV

```
W H S W Q V I D U E Z Y Y P O F P R Z D
O K V U K O V I C H C D S F A O T F S T
S Z M A N R R F H B L P Q C W U O Z N L
U K R E E Y E O J T H O A Q S F U A D B
X A E P X Z X T R S V N Z I N N X B F G
G B Q O C L B J P D D Y A U O A X R Y B
O D W X G D S E N E L S V O S U P Y D Y
X U O A G X C R F S R H P X R U Q A T N
M P I W R A O R P E N Q Y O A D I N R Q
J S O A X D C R S N A Y T Y P N C K E T
G R G I H J W W A O M W R P E A B I K K
M Q K U O A N X Z J T C E H C M S U I N
F K F C V L N R V E T Q H Q J H O K E S
E B V V A L A K R C U B A K P T V M W O
Z U Q E N O W P S I R Y L V Z A H W S D
J O V F A D N C Z R Z G F B V R B C U S
A O N R T Q N N R V S W L E D N C L B B
J C H C V O C N B X C U D W R P X O I F
A M E G W N U H Y M E J T M K X C G W N
O G H O P M I F S B S N E D I N M T R Y
```

| Jones | Ward | Rathman | Bryan | Hanks |
| --- | --- | --- | --- | --- |
| Flaherty | Sweikert | Vukovich | Ruttman | Parsons |

# Indy 500 V

```
C R O V N Q Y L V D X P L S C I T L A L
R K C U G A O W A K R U U K G D R V P I
F R D E U J O X G M T X L A Z N A G B A
D Z J T A W P A T N W T Y P H U Y Z P B
X T T S Q W E I C U M M I N G S V N Y X
V G A R I U R F B J A V I G V A D F U H
M S O J O X E Q Z X O U L Q U O H Y T U
A E L H X B R S M J G Z B D F D O R X X
I S T F M E E X O L S P N V Y N R T U D
I O H R E O U R Q P A M T N W A O S O E
K R W Y Y O V U T X O Q N O P L X F X O
T U D M E C Z I Y S S F C R G L O B E X
Y Q J H R A F T O H W I W Q M O N K L X
Y A M Y K N A X G O S F I D J H O O O I
D U A R Y E L G B M N L D X L P S Z S E
L E A U G P E T I L L O G W O G B V P A
O B Z Z P I D F L S D H E I D T O Z M Z
R C N B Y S N K W L I B Y P V J R R Q P
K G F R A M E R S C H N E I D E R M W L
W M X S L W H J F B I N S H A W F B B D
```

| Holland | Rose | Robson | Shaw | Roberts |
| --- | --- | --- | --- | --- |
| Meyer | Petillo | Cummings | Framer | Schneider |

## Le Mans I

```
A V O O K L Z L S J G S X Z Q V H L P A
U P Q P B X M N C C T T V H R W K K X P
Y X N D Z E I P R O L K V I P L R J L C
T Y R F U R I S V E S U E P R N M V B E
R V K W M M Y H E G Q N L M Q Z P F E S
Y Q G D W K A Z W R H C L G L I H Z R F
B K H B A W H S Y E F F K O T B A X N J
M P D N V N N S T B J C G H I W M A H B
M K R M H Z X F H N S M B F C J I J A A
S O M L V A G V B E M P I I Q V J U R M
T N D A M M W D U K J J O X H Q A A D B
B O K H C C F U E L U Y G J G N K W Q E
F O N T N K E B M U O G L E O B A H H R
H U R B C B L T I H N I B Q N T N I A R
X A Z G A E X A E C J C G Z E J X T R O
P I I E P L Y V D R H D F J F H I T T K
U Z R N X O G H J F H J Y H L L N B L H
L V L Y Q I Z A L O N S O H Q H A E E W
W K Y F Z P Z H E A H O N C R X J I Y O
T N I A K F H S S H X H I U M B P L V U
```

| Buemi | Alonso | Nakajima | Bernhard | Hartley |
| Bamber | Dumas | Jani | Lieb | Hulkenberg |

# Le Mans II

```
J H M E W F U N N W L N E B F K B F X F
Q N Z Q Y A I E E Y Z O A C T Y Q A N R
D A Z J F O N J I Y U M T Q G Y H S E E
K Z I B C K X R K J U B F T Q D Q S S L
V V N C J J G L K T T M W T E L S L N L
O K A V B A H S U O B V Q L L R Q E E E
B U E V H I V U S A R V L V Q M E R T F
M W P V L Z Z F Y M A U Z F Y C G R S N
P D D L G Q H X B P B F K X D N Z Y I E
Q P U Y U K A C W W H S Z C N I R I R K
N E Q O J H C M T T A U F S A S C Q K C
T Z K Y V K V U F J M Q C D T H I O N O
K T Z M K T C Q B S R K W S J M L O Y R
Q P B R A K N Q J Y E C F O V C R E E O
X I L Q L K F I K O Y F A S S L E R Q Z
B A Y M A K S O S H U X U U Z H I B D C
Y G W V L P W P F Q L W Z Y J D Y P P K
N S H W G X Q G S F E V F K I O G Y R J
L Z J U Q F W F M V R M G Y D U V A L U
Y H C O V W D Y Y H T H P G X M Q O U U
```

| Tandy | Fassler | Lotterer | Treluyer | Kristensen |
| McNish | Duval | Fassler | Rockenfeller | Brabham |

# Le Mans III

```
C V T Q C K L N B G G J I N Q X J N C R
N P U C C W E G V J W O T Q S J C J S O
U W G T X J H X M H U U C K B O F T G U
X I C G T E T A B L N S M I T H R R R S
D H O Q Q G O T I N V S F B Q S V J X E
H Z S P D A S P E B Y L F V H O E C T Z
U R O V X S K E L X J N X R R H G Q F T
H U Y O M F I T A X R I M J E Y K V V M
C W A N R W G N F X O P P T Y U M G L Q
O O B P X I P B J L R N J U S A G O C F
L Y B D A U V N B I R J J G O A J U V P
K G O L C D T V W A I T M E H B D U J V
J O L V N E B K M K P M F N H N P K R E
V I L Q D Y S Q Z H I D D E H K M R Y D
A Q E V V H L P P L J P S Z H K I E X B
A W I C Y N K E E Q R Q P M W A Q N R X
N R A B P E C A P E L L O T Z H L R U Q
W S A J T B D D O B E D X R C B B E P E
M Z T M M K F L J L C T F L M Z V W G G
M C X R E L E Z P I Q H S J J E C Z W Z
```

| **Gene** | **Wurz** | **Capello** | **Biela** | **Pirro** |
| **Werner** | **Lehto** | **Ara** | **Smith** | **Aiello** |

## Le Mans IV

```
B U Y X L U W D K I C Z A I J O G K Z S
U Z L U P V I L P P H B M N W R I F D J
R U A X K G M Y I V T Q A I S L C C J J
H I U H C E K C W Q T K S V E H P P Q D
H S U W J L Z R N Y T Z S K N E H N B R
E K H P L Z Y Z O I O B P W O L G T P E
R S W P Q V U S M I H B K R J A T T O E
B J E M S Q D F C C O D F V R F A D A
E O M I Y N Q U D M A C H M U Y K S T I
R K X Z K Y S S F D G U G S V E W K E V
T C G Y F N Q T H D P D T K K I J C I O
T Y S V S Z R W E I D L E R C X X C N X
U C J T Z T W O I U E R G Q I V M X M P
H A N S E N B W Y P Q J J I W D P Q Y J
C R E U T E R V C I P T R M R C C Y J T
U B L T B K F S I B P B B L A R R U F B
O D N D B I F P H H Y J D V W F S J V T
B E O R D S D I K F X Y Z V E F Y L B F
N K Z O G N U Z M Q Q Y N D Q R I H P S
R X W X A P H H I H S N I W E Z I G K W
```

**Reuter**     **Jones**     **Bouchut**     **Helary**     **Warwick**
**Weidler**     **Herbert**     **Gachot**     **Cobb**     **Mass**

## Le Mans V

```
C Y D N Y U J Y I O M U F U L Z I A O L
K W E Z T X A Y L E W I M B S W N K O B
G R V X X Q G J J A B F A L Q K D T A K
W Z P M E E T L S B U V X T O K O R W L
W S W H C D Y Q O D I C K E N S O E U K
Z I W D S U Q S S B H F I P E U W B K W
O F T X M U X C K R T X P Q T G Y L U H
J E E C M N M P K I F Q C L B D A O G R
R J X X P A V F W S P F N Z P F H H H X
C L U D W I G X D A Z Q T E X H D I N O
P Q V G Q J X H E F Z F U O D Q I Y O Z
U V U P A Y A T T M X L W H E E O M T W
V C Y F E R O K L Z D J J X C E L M X A
Q C L G M D C G A A D W U Y A J O U M N
B B D V X Z D I M Q K B L L L T R T I X
E Q X S G Q S B M T S T D I L X A G D L
V F C B Y S C E E V B O P B A M C G T T
D U M F R I E S R W X F J Z W L S O R K
U V L K G T G N S H O L B E R T E N T R
V Q B E L L F B U J I D K E O W P M P P
```

| Dickens | Lammers | Dumfries | Wallace | Holbert |
| Bell | Ludwig | Pescarolo | Holbert | Haywood |

## Daytona 500 I

```
L C V D P X M Z X E K G K B J B W E H W
Y E H N K M Q S C L E Z V J Q W Z A D N
C E T U D O B J D G N T U N T D D R D T
P D K C B S I S M Q S W D I L L O N M N
Q O L A A I T L C N E M S O H E B H X K
S H S N O O J H M R T T E S W U Y A P E
U M I Z B M N T U U H T E E O S M R U S
I Q S L B G H R R J E Q R Q Q D D L B
M R N G G D F Y R I Z F J B H A V T H K
S I Q Y U V T A A Z D O B M U R S O L K
C Y P M U O Q Q Y F C E L Y M S Q M H P
Y O H A M L I N Q D E D H O D Y C B T Z
P J I N V Q M H H C N Q U C G A M H E H
V B B I A E A G B W Y X S S M A L J S O
X H J S L D A M G C I S G Q O V N F N B
L L V U Y Z B T F S V F Z O S A U O E A
A N N G U E C E E K X K Q J T T D N K Y
G M J D I R I Z S N B U H B E S X S N N
D O I W P Y J O H N S O N N O J L E A E
E F O Y L V B B Z U U X Z X Q K B O J O
```

| Dillon | Busch | Hamlin | Logano | Earnhardt |
| Johnson | Kenseth | Bayne | McMurray | Kenseth |

## Daytona 500 II

```
L Y S Q Z J K Y M T F G E Z Q G M Y Y Q
P I U E I W V J N R P G X F H P J C W M
M Y F S O X B I O S U N P K T P D D J A
X C X Z F V O A S N F A X E P V K C A R
B C S N H H M Z N A E P G X G H X E N L
P A P Y A P L H H Y Y W K N E O F W Y I
F Q Y K P M B D O S S Q M P F W R M Y N
Y X Q N Z W X H J O J Z Y A Y Z R D R M
G N E R E V M X W A A W O A N O N C O G
J Y J J Z P N C W U X B S W R I K E M N
H A N B O I L U M Y T F B S B U R T O N
S M Q R Y R M D S U U O Y X Z U H T Q H
Y G Q H D T K T Y J R V X L Y M H M V G
V S Z A K L N T U N G R T V N P S J B C
H Q Q M E A N N T D N F A N S I T D W Y
Y V U N V W Z A H Q S B Y Y D V S B K M
P S T E I U E W M P T V E M J L W I H G
O W J C C I L X X D N O A F E I N P Z W
L H A R V I C K J A R R E T T Y T O Y U
Q A C F Z H B S L Z Z B T A D W X H R Z
```

**Bayne**  **McMurray**  **Newman**  **Harvick**  **Johnson**
**Gordon**  **Waltrip**  **Burton**  **Jarrett**  **Marlin**

## Daytona 500 III

```
R D Q U Q J A R R E T T O R R T N D A N
L Z C M D A B Y R S Q P S E S C G B D Q
Z L Z R J F T D W X M V H T H T Y E I I
J I F B K R M J H D X U A Z B Y G O J K
C Z M T H T A J A O V J F R F C C U W O
O J R C B J W V G Q B O D I N E Y O O G
Q Q U P V E N J K P Z K S U D W G R R Q
X N P L N M U E J V U B S B V I R I F V
P W A X N M F F U R T N Y I W G F Q X T
G S U H T W O O F P Y L E L L I O T T F
H Q R G E G H X Y A Y V S E Y C E S Y A
V G W U O U W C Z T C W Q Y O L F L J C
Y V Z O P T V Y L N M H F H W M V G A M
U D X R F H E T G A E T D E F W R M K G
R B A O M L W T J V F E U J V N K E E B
E T J B A D G E O R T G N P M U Z S P I
K V M R O F J P Q I J X H O J O L D O Y
A A B A I I O U F N Q R O E P H M T C A
B D A Y N K U V N E N M H V P Y J Z A G
C Q Y E B L P E A R S O N L K U N W I A
```

| Jarrett | Irvan | Cope | Elliott | Bodine |
|---|---|---|---|---|
| Yarborough | Petty | Baker | Pearson | Foyt |

## Daytona 500 IV

```
V L Q M T Z Q X P I A N D R E T T I E B
N O Y Q P C P O Z B K L R D Y D A B R J
H N G U W P H F J A W W V O G F O Z L V
C N R E K Y R O M T P K S D C B D R S Q
Y O C N C I O A U H O J I G Y P K Y H W
N V F S F R D M A S C V Q E C Y G B S P
O G T O X L O B S D X B S P O X J B L W
C D N A R U E B F A P J K Q T M P O D L
A E H B Y D A M E X X N C F L C M C S Z
N C E R C Y R N S R D J I J O E O H L D
C I B R H O U H O I T L U M R P L A B C
X P L P W W Q I G U F S B L E O D M G G
X B Q L F L W F W O U D D K N B S I B G
G T I V C Q H C E D F Y M V Z L M L K Q
U P C H E V R O L E T V I P E G O T B J
X R J D G X P T K S O E P J N R B O J K
D S F C G V M E J T U C L A V U I N I S
N G E T Y T U I M L L Q C U P D L R S H
U I D U T F R Z M X K O N R N Q E Y I O
V X S C U L H B Z W W P I Z K D G P U K
```

**Hamilton**  **Andretti**  **Lorenzen**  **Lund**  **Roberts**
**Buick**  **Oldsmobile**  **Ford**  **Chevrolet**  **Dodge**

# Grand Prix Motorcycling I

```
I O N I E T O A C P X R Q K D Z R E P D
G A A K M B K P O L Y N G H U X O D Q T
C S K G M P D V L Q R R Y A K P S S I A
G O Z Q W J M N R E S Z H I E K S Q M X
S B F G G C E R Z H X H P L C N I D F Z
Y V P B L Y E Z P Q T D I W A A M F E G
T L T Y J U N E Q T G A V O I M W W M Y
I M K P Y W X U Q O H E H O N D H E Z Z
E W C V H P Q Q N V S R P D I E M I L I
V X C H E T T R X Y H M B A T R E F U R
B Z E N N J T A S N M D W S S C Q W G E
B J O L R W D M U F B Q D G O V T D S R
F A E V C U V H R E R F W Y G S A B R P
K F V Z L F O H T J A A O H A S U Q B A
H F A R J V T R E B Q Z H U B B I A L I
D R X K X Z L Q E R I X M R L Q F Z D G
W A A A X Y S H S D E D W Z O N B H K Q
V X P W E I Y S L N X E B R G R Y K K B
R C A M I B K V P Y E V U I G O H R L Z
C Q P D L X V Q Z K T K H C G C G H Y T
```

**Agostini**   **Nieto**   **Rossi**   **Hailwood**   **Ubbiali**
**Marquez**   **Surtees**   **Read**   **Duke**   **Redman**

## Grand Prix Motorcycling II

```
C B H I U C K T F N I I X Z H D F R C S
F N F C U C L V O W R U F M G P D E S E
N H Y B Q I T Q I L E R J R U N V E N B
K I L D U L W W Q T U X X I S V Z N D U
H C T F N X O R R S I N D O I R X V B V
J R B L K E E R A D M A N G M E C I U S
S N R Y R D A Y E Y Z U Q Q A G T L E J
A U N J X W F F M N C W Q X R N B L X B
G M A N D E R S O N Z F G A T I N A P R
U Y N G T D A K P W E O W M I L O W A Y
L T D D F D B Y P G X K W G N F T U I K
Q U M W J X X Q S L J B P A E R G N G I
M D Q L W I H V N H L D F E Z O N H G O
Q B T Q A D P G O S K K A P C D I N A G
N J A Y Q G H M S B N H E T Z J L A I I
O E O O F T Q Z W C D P A G I P L H B A
V Y S U N E W Y A K O E P V K A A O Z N
S W A A F P X E L T M P V K A R B O V V
D Q L Q J O S Q O D A K U Y X K G D F I
G M A T B Y G C F T G I C G C Q Z U Q B
```

**Doohan** **Lorenzo** **Mang** **Lawson** **Ballington**
**Villa** **Biaggi** **Anderson** **Martinez** **Dorflinger**

# Grand Prix Motorcycling III

```
T A V E R I K K N G R Q S C Z Z B H D A
Z N V K U I Y C V I O Y A V I K Z R U I
V B Z X N Z X I Q U B K H X B A O A M C
E O F Z P L C L C E E H A U P V N I L U
A W K C Y O I A J L R D X Z T O L N T Q
C G I C R O D I D F T P A I G T F E O F
W Q R J L Q O C I A S A U S C N K Y X X
F P E D R O S A S L L O M O P S C W P C
F S P B D Z O V A S R O S G Q E Z S E D
N H W W V Y F F I T C X R V F M N J O Y
I K B G P A F Z S O U F D A A T J C T K
J S L K Z V U R M N A L R Z I S W Q E J
J S Y O X Q R H F E R Y X H M G H Q S R
E P H W G P V E B R G Z M R L F G Y J X
A I Y E W F L D D R K S Y V M M F O S L
C D G M E Y Y Z V T W S W F S H A D X H
H E H A L N F G T L X H L H V P P I N R
N A L T Q I E Z E A X B A K J C N B W Y
Y S J F L Q M R G G C M P A N M G K O R
C A Z Q N K Y F X R Q Y G X S I X I B R
```

| Roberts | Rainey | Spencer | Ruffo | Haas |
|---|---|---|---|---|
| Cadalora | Pedrosa | Sheene | Taveri | Stoner |

# Isle of Man TT I

```
L G O K F L J W K Y W Y C P W E H N X R
C P F U Q X M Z M I A N Y X Q M M W S T
M A Y V L K H U T C H I N S O N B G O F
M R G Z K U T T M D G C M Y D H M H R R
Z O W I H B X K H A S H D E B L J M E Y
H X K E D F J S N T W J U G E N A Y Z T
W B P L H Q B H X H V E N B I U G B N A
S W A N I G G M Q Z H S L D O S O P I G
W I H P T K F O B V A Z O X A D S S T E
Q W O N H W X T T W I Q P G Q X T S Y S
D M U U W B L F I U L O K X V A I E F L
U P W S U I J L V J W R Y X L J N N P L
P E M C C A L L E N O Y Q U M W I N P Z
W Z N W F D F V G R O E M E U N O I O P
O L G F T A L M H J D T M N M J U U L Q
X W K K L P D I I C S J Y U Z K G N I
X M M X W I Z Q S Y G N V L T H W C U Y
A X R M X N X B L Z V A Z O K Q B M D V
C I M Z P Z J Y O M B R D M K J J G J M
L G R B D N K R P D M B R K Q X P S E C
```

**JDunlop  McGuinness  MDunlop  Molyneux  Hutchinson**
**Hailwood  Anstey  Hislop  McCallen  Agostini**

## Isle of Man TT II

```
U O Q C O L D Q S G U N D O K X A N F A
L N K N D L D L A U E D L V A E B R M J
P P S W P P E P K S J B P L S Z I O B T
A O K Y Q J Y O S B R A W B A H R V S X
V D V J N B Y W M V V V J J V D C P O Z
L Q F A T T H U Y H U G Z O I D H Z N Y
S V I R Y Q O A R I P T N S L T A E Y M
E H S T G H J F B U F O B O L E L S A T
I X H L C O S S P J C Z C J E Z L L W N
R R E A V V U Y S H K R Y U N R Q R G R
E A R P O F Z V V S O E W K K E P T E V
F F K G L M L D I M J M G D F H U V E U
F Z O N F I O D F Y C I F H D G H V C Z
E O X A Q W S O P P G T M Y Z U E Y I U
J R E X Q M T K D S N R A A R O B G D A
Z S U X T Z U E C I O O K Z D L M X D H
S P W Q X L F D T O E M E N B V Q S O C
W V M A G W P I E U V J R H X Y Q H B S
W O O D S P B G L S F S J B H C L A D V
G N Z X X A K F X J Q F I S Y U T Q X O
```

**Fisher**   **Lougher**   **Woods**   **Boddice**   **Saville**
**Jefferies**   **Schauzu**   **Birchall**   **Moodie**   **Mortimer**

# Dakar Rally I

```
O K W C N H V R Z Z V O G T V X X J I S
E R F W Q S H T S F W Z Z A X M L V W B
N V O F Q C X D B A A G Q O G Y W E E A
E V L M G H W I K B S X X Z N X M C X Q
V T Z Z A L A M H W W J T A N F Q Z U O
B O I I Z E D H K A B O G K S F K T L X
A S W O F S Z C H X S Q K U J M D O Z D
P B L V S S H S T Y K I O Z U A B U N T
J D O E B E A N S L A P D O S S N K I H
W N G C M R Y I F B I E G N R U D B A O
T A W N D X I E Y I H T M I E O N Q S J
I H Z L H P T L W Z C E R H I K O M I U
J P K J Y E T K C P X R N S L A M C U B
Q L F R I U A L U T V H Z I L L Y G V W
B A L Q O V L Q I O W A D L I T H R B Q
L B K X C A A H Y G A N E B V U J S L W
C D U F F A C Z X F M S V S G N R I K V
V U X O S T V A O A D E N V Z G S E N L
L V G F S E B D U S L L U H M T Y T D E
D J M S Y F G N S F T E B L F B Q B K O
```

**AlAttiyah**    **Sainz**    **Peterhansel**    **Roma**    **Villiers**
**Alphand**    **Masuoka**    **Kleinschmidt**    **Schlesser**    **Shinozuka**

# Dakar Rally II

```
A Q I X D C Y S F M G G W K L W J B V V
T Y R J U Z S F E M M V G Z X I J C P G
T M Q L E E O N B D S K C E O Z H M C Q
P A V M U R F C E Q O J X L W N P K F R
Y R W B I I S O O M G P R X E N T I E F
S R S M T H M G B H S S O J T S A B Y I
K E R P T J Z U N X O S O A O S S M S S
N A E Q F L N I D I K F O S G I C K X D
I U I C P V J G M C W V A U B W R A H C
L O T X E G E G F D W Q E N G K N U N Z
U E S F D L U F W M B E Z B A Y E X D V
T E E V B C G N E H E Z Z A R O K D R A
T W N W A B I W D Z O T E O N I R O T T
O H E M W Y T I I L B D G D G I C X Q A
K N G I B K R K V O Y L G E N M R D K N
U X J I P U A M J I N C C M L K O N E
Q O U A Y B L J K R Q Z E L O N W N L N
N G B A I R F G K U U A P Q I C W D T I
Q Q G Y L J G B P A A J Y N Z P G E B B
Y I A B Q F H Z E K N J B B L N U O F R
```

**Lartigue**  **Saby**  **Auriol**  **Vatanen**  **Metge**
**Zaniroli**  **Ickx**  **Marreau**  **Kottulinksy**  **Genestier**

## Ferrari Drivers

```
T R N Z N W Z M V C P W G G A Y F S F R
C T I X I P N G M U V J H H Z C C J Y U
Q E W S B B T W V R X Y D Q U W Z M N C
F X Y U E I Y A I I B K R A T J G U Z F
O A G P M W C L K O Q W M V S K Q T M X
G O N O M H O V K D L W K E O O K D T K
I Y S G H Y U Y T R G D K Q R P H N U I
P T G S I G R I O W W A Z T P H D H R N
S H B I N O V I L L E N E U V E S Z E O
G U V J V M S C T B S R K Z E Y E M H Z
J W W Q S I Q C K A N V V H V Q E A C Z
M R V X H D M L Q B D S L K D E T N A A
V C H K F B K M N J S R F T G B R S M G
S V K B H U J L H I Z X D G Y D U E U E
U A Y L G X B Z O J O G X M W N S L H R
D C D N L I X C S N O G X V N E O L C U
Q V V R P E T D N C H O E X G Y T Y S P
Z C F B J X R S O M A S C A R I H Q D D
C S J V L M L V L I L A U D A X Z P R V
F N H C C P W X A L F B H Q X F C U E G
```

**Villeneuve**  **Lauda**  **Ascari**  **Schumacher**  **Surtees**
**Regazzoni**  **Alonso**  **Prost**  **Fangio**  **Mansell**

## British Drivers

```
O B E J L V A F C S O A S Y N V S O Z O
T Y C G V D F M N T D O M G M I Q I X V
V K B G I R I A L E K Z B O Q I S G H L
Q B R K F A W N R W Q O Y Q I M H D W V
Z O M V N H S S R A H I L L W H U F D D
K X G L B T I E Q R R G X K A U L I F B
Q N A P K L P L H T I F X M C Z D N K Z
S C Z J I U B L B A U L K T X U Z H S W
T T S H H O V X O E B L N P Y B N P K N
X W S Y C C E X Q M R U O Y J W G X N R
X O O A L L K D B V Q C T A M B B W V O
L H M O A H Y O T J J P T C P M M D A H
S S N V R S A L O E W X U Y M H Q P O T
F O J W K P J M Y T K W B R U H U M J W
Q Y E W R E T U I M N L F H O R X N D A
U R P X R T J R I L Y K C K H A P K T H
H J S J X T M X L E T W S M Y Q C M M H
L F Z Y Z R K F E Q B O G Q X A X C S T
K C Y G A P G Z W L Z J N V T E B C K L
Y D L H B R J J O D O Z J H I I K N H W
```

| Clark | Stewart | Hill | Mansell | Hamilton |
| Hunt | Moss | Button | Hawthorn | Coulthard |

# Bathurst 1000 Winners

```
H Z Z G W T J T H N I C H A G U P V E L
G O Z C H E F Q C D C U F B B Y M B X S
K V F L J L U W A T G S Z M Q R O Q T Y
O M N W O F D Q P D Q R W Y B K F Z H Z
M X E K X W X C B H Y L J X G Q F M Q Z
M P G C W Y R S C O H W I S J F A F R M
L O Z O P E R K I N S E M F I R T H D E
W O G R A I Q P G O F Y W T E K Z K E N
D C W B C C S K A I F E N V N D G T F G
T P X N O V R X G E A A P S A O N C B U
Y D T Z D R I C H A R D S D J M U H V L
U T G X U E Z K F W W G W R M X M T S F
G D D C I F S M Z D M X T A L V S S S Q
G B E G S L Y F F P G Y A H A K M M F D
Y Z C O E P K Z U J Y L Z C J B D S P D
E P D W T V N O T Q V T Q I D Y G B T G
L X A J Z F L X I H Q K W R O F N A Q X
K C S P K Y M U R P H Y R P Q A N H B X
R T J B M C W Q W W Y F V U R N E G P Z
J M A F H B R H I A R K Q M S R E K J Z
```

| Brock | Richards | Lowndes | Perkins | Skaife |
| Richards | Jane | Firth | Moffat | Murphy |

## Motor Racing Legends

```
M H C Z N A C K L V R T X F Q S Z X S P
M S Y P S F I M I Q T N R V S C F T L V
A H Y I G K V R G F F Y A F X H D I O H
S B E S R Y X P C T S K B M K U X D E Y
T I E G T U G G J S L R U P P M P L B Z
S F S I L K B A P O E A R N H A R D T T
C X G I K Q W O B N N L I I H C X W V T
T V O I A N E U R L P C H O V H X Q H B
A G Q L G W N L W F T A M B F E T V O O
T L J D R V R J W A V W Z P O R G R C X
M R H G I M X C J N P T I E Y R G K O N
T Z V X W F K R N G H W S K T C E I L V
S H N V P V X Y P I T W A D A P F N X Z
O M L N X X X M J O H G N X N J Q S H D
R Y N F N I Y C X J F X D H N N W E M T
P Y Y W Y E R F T B E T R L E Z A R M F
K W O Z Y E P D W Q K Y E Y S P R B Z H
H M W H A Z O G M D X U T R A Y W S B I
K P I H H Y W J H F Z T T F J V B D T M
T V C W Y B Y Q B C C P I R Z H A E H Z
```

**Prost**  **Foyt**  **Senna**  **Earnhardt**  **Clark**
**Fangio**  **Andretti**  **Schumacher**  **Loeb**  **Kinser**

# F1 Winners I

```
R O A T O C E G Y Y M R J V D F S V U D
G U W A O I C S Z W Z W M D M I X C R X
C D Y N F I H K H A M I L T O N V L H D
P T N N Z R I K C O P T A A Y P E A F V
G O C E A Z L Y N I Z O B S J Q T R A N
L R Q S U F Q V M X T P K J V E T K E K
H F W W C G R U O P R O S T U S E V M W
N Z K S C H U M A C H E R J S S L X B A
L R F I A V D F Y G D Y C U P W G K K D
L D R C C Z P F O P E E G J Y P T R E U
E V E L D L J H B M H A G P L K R R J A
S C O L S G B Z B I G R P W Y Q A L U L
N C K X W E L X W M X C Q Y I D W Q B N
A X E W R L G W Q J C H H O L U E A E O
M Y R J R H L T B M H X S M J O T M T O
A T S K T P Y I X F I I C R X S S E K R
E M Y G Q M S R P V K Z N G Q N Z C S L
N I R V M G P R N B Q E M T K O V D W G
V E F L V K C Z G G U C C N Y L E V U B
T N I P N Q M Y W J Q O M D G A S N I H
```

Schumacher   Hamilton   Vettel   Prost   Senna
Alonso   Mansell   Stewart   Clark   Lauda

## F1 Winners II

```
T K A K G E G X Q Z E N Q W J X I I N A
J V Q X P Q G R V W G J H A K K I N E N
S V Z T Q N D Z C D G Y D G X M P O I V
Q D O F H J G T Y S Q L Z X A D E I K K
C D Y F B T R H N X Y S V J J I Z G P K
B X I J W A T A A B L U Y L R Y X N I C
P Z J O R E T J I B X X S R J U F A Q M
I F R C S F U N L K F N X W U M L F U W
X F O F B Z A C J A K L R W F W U I E C
V F T W G H Z I O W R O S B E R G E T A
Y N X E J D Y L G V T L N T Y T J L G C
E E C G S N H M D S E E I E E M P U Y R
Q B Y X A Z Y I H I A E Q A N S U C Q S
Y Q T K T C B S L K C W S G X C L I Q B
B R A B H A M S R L U E S P N M A Z W O
M L K P Z I N W N P G O O N L A S Y W S
Q S R R M Q K O J E B U T T O N V P Z S
B D C I S W D R A Q M C J J T W L C H O
G A G H I L L K O B H C W N T F Y Y V M
G Y P J K L M C U B D U L I Z P M X O T
```

| Fangio | Piquet | Rosberg | DHill | Raikkonen |
| Hakkinen | Moss | Button | Brabham | GHill |

## F1 Winners III

```
H A W Q N A A I B B U Y C E M B Z W V U
S L N D Q D E U E B L X O U Y A Q Q M W
Q I U D E C F D E X B N O T G R J M E B
A Q U G R W B N P V Q N C L C R X N V G
V P M Y I E G M H E I A N Y T I W M U U
D X E Q J W T T O V L M E R N C L P E G
X B R T X I Z T J V G E P E K H B I N A
Z G T E M X T I O A T E Q F E Y D E B
E W K O F R P W P R N U B H T L B L L P
J D Y P M E S T Y Y N E U Z G L L A L V
Y X Y J U O H O B W Q R S K L O H P I I
C L G R F L I T N T Y P W M D O Q I V P
J N T Z L U C S T I A Y B G T B N T T D
B I U C C N Y Z G K J S X F G W I T I S
G B R O R A A F Y I F W C K S A P I N M
Y C C O U L T H A R D G W A X W X F N A
X I V O I G U L W B O D S L R P F K O S
X U U F E N V B W T C Z X P F I M H W S
M Q V K C H P A O Q N H O Q B W G J L A
K S T X Z J D U N R I S K M U P J Y I O
```

| Fittipaldi | Ascari | Coulthard | Andretti | Reutemann |
| Jones | Villeneuve | Barrichello | Massa | Peterson |

# F1 Winners IV

```
A R N O U X F B J B I X H T P O F X B H
V A T H K B N I K Q I E A N Z I C K X D
H Z O Z L V D C Q B M A V S I M M B K Q
E I O J R B A A K S E T L K P H J R S U
S Y G C H A S L W P S R Z R D U B W B V
L K H O D H O W U M B J G X Y L T U E W
O S O V Q K K K E C O S F E F M N S B R
T H O D Q F R D C X C N W L R E U H R O
W P Z V D E E I N L J V T N H L H Q O L
V S O I U Y C U C P R N D O U H W G O C
M J C I I P P P Q C Y F B H Y N B X K T
P L H H X Q J Y E R I N J P P A P Q S C
R K A B E R X C K E K A L O F S Q A I L
F H N I Y C B X Y B L B R E Q C E S K W
U Y L W A J K M M B F Z A D A L R C R G
D F Y T A N L T M E O B Z O O N M T B A
R E T C H G Z C E W M Q G B H C B W A J
O X V Q Z O G J G R I D D W U U K G C E
K I X T I Y D U N Q M F B D A L I H H I
E K O D B P B K R B Q G Y O Y K U H H D
```

|  |  |  |  |  |
|---|---|---|---|---|
| Scheckter | Hunt | Berger | Webber | Hulme |
| Ickx | Arnoux | Montoya | Ricciardo | Brooks |

## F1 Winners V

```
R T L E O S U G X F R C O I R L F L Z I
Y B E U A L R M H M P Q W I I A Y Z J
A S B U Q P Q G G C A Q D R N V R A B Y
I F Q P Y G Q F D M T B D K D G I T Q Z
U D I L Z H C G U N R C T T T V N G V X
Y R K M N G V I L L E N E U V E A R F K
G S K N B R F N J J S U N S F P F M O R
W C A R I C H J O B E S U R T E E S I O
O H U C Z J Z V D U Q R M H F U H B E S
L U X A W K X G A S G E V T S T Y D I B
K M T Q V Y J W T S A G C F L B E Q V E
L A Y V O L F G E M O A G O X L M W O R
U C M L J Q I H D A E Z L A F F I T E G
L H I Z B X T J W F J Z J I Y T F D T W
R E Q C R M P G L B F O Y N N J I E G U
E R D H E S F C Q D I N L U J M G Y C Q
A E E F M X I E K P S I S O B E X D G N
T R W U Z N A M V Z D M K U Q S C O A C
N W A T S O N C V N N T X R Q L X V W J
P X T J E D C X B E H N W S J M W Z I E
```

| Surtees | Rindt | Laffite | GVilleneuve | Patrese |
| --- | --- | --- | --- | --- |
| RSchumacher | Farina | Regazzoni | Watson | KRosberg |

## F1 Winners VI

```
W I T E F E W Y U B Q P B I S W M M N U
E T N I T B L E W K K E C W E P N C P L
N T U H R C T H J I D V H C Z X H L L G
Y G X N X V H T E K O E G P V S R A I Q
T N P L N P I Q H O B R Q A C M H R B H
S G T A U I G N U L X S J Q Q J Y E O H
I C V R Y B L U E Y H T K I U N Q N T A
V U G N X O I P N G A A P Z B I C Z E W
Z A W X G U U M S P Z P X Z V O Y V R T
P P S Z U T Y L C I P P J M P J P F O H
A U N D I S F X S R T E N U L R G X B O
W Z F K E E C C N O W N L S L S Z V L R
C G U J H N U J I N P P G G X K Y H A N
S N L X U J Y D L I H G L U K A I E J A
C B V A E F Z W L S I L Q R O N E L V Z
Z P F X C N O S O E L T N N X M W J L Y
V V Z H F V Q S C S L V J E D O M B U P
Y X J V N P H W O R O Z Z Y D Y R F O X
P L J C Q N H Q N L Y I J U Y V M H X Y
J E O C T O J T J C T P S H I N Y S K X
```

**Alboreto** **Verstappen** **McLaren** **Gurney** **Irvine**
Hawthorn Collins PHill Pironi Boutsen

48

## F1 Winners VII

```
X X L E Y N L I E U F F X Z N C Q E P O
S X F N O K V G R K X F C T S V I Y Q H
H W D L G I J Z P E F M Y O F T H V M Z
H P W J Y B I X R O D R I G U E Z A S G
M J R X W S O V T R I N T I G N A N T I
E C P I A V S K Y A O T L B N W Z C X O
K O T P L I I M Q C V P R R V F G T X G
T D R J L D K S I M J K V I U L D B F Z
S Z E Z E L D E B K C U E M P M W F R E
M N F F H T F F O Q J K S U M S R J E L
C W F Q C Y G K T R C A U G O B E R N A
M K I W I Z D B T G O V F S J T H A T Z
Z O S O S B S U A C B E A L Q E W L Z N
D Y B E I R R O S W G A S Z M Q F W E O
K I M C F A M D Y F G H E R B E R T N G
F D Q K U J R F Y A Y K C X K H R Z W O
V U K O V I C H H A B E W H P M W H U C
V U L E W F Q I H T Q R D N R O C M B A
U X F I R B U A F D E C M K Q X N K I K
Q H Z N Z Z T I A B V G U L H D F Z O T
```

Herbert  Frentzen  Fisichella  Bottas  Gonzalez
Vukovich  Trintignant  Trips  Rodriguez  Siffert

## F1 Winners VIII

```
B Z R A D F N L U K P A E X U E I N X G
J G C C Y Y I U U C U G B K A D L X Q U
L G V F S J B J S T Q A C P K C N P H T
P G R N R R V S F A C S T A V H R Q O A
I V R R I A F K L R K P R R E V S O N M
R X I F S G S T D U N M D S E A S C F B
X O A A F H Y T R F U S R O O O O S F A
N U T K A Y J D A F A I Z N E Y G J R Y
C Q O Z G D M D L I C L E S I P V P D B
F E W F I K T I L S J E Y F Q T Q K Z N
T W M M O Q V E A Y S G J Q F F K L I G
W E G K L L K L W H M N A H A K A F W U
P O J O I X C L G C U A K T R W K C V F
C G N G E L W I D E P A I L L E R M Z D
R I D P B A I U F U E C U J K M V I E N
Q C Q W Q P N O U P M K F K T J O X X C
M T F Q L E E B A S I L C P W X B E J N
E D K B B W E A A G J Z C J O G W T K O
C A N S U A R J B N R U T T M A N D Z S
R X Y P F Z U U D F X N S X A Z I C K X
```

| Revson | Depailler | Jabouille | Tambay | Angelis |
| --- | --- | --- | --- | --- |
| Parsons | Wallard | Fagioli | Taruffi | Ruttman |

## F1 Winners IX

```
N N E M Y Y D T J A M H L M B G V P A F
M W S G R Y W P T Y C G F L A H E R T Y
P K K U Z O L A L G A O B Z Y I T W Z D
K Y E Y B N M X N V X R G E O V M L U L
R Y J E J Q H R Z F K G X P R Q R R V I
V X N M V T B A S J M Y Q X K X U Z B R
W R X I Y U I X U S V B A G H E T T I E
D I X D K O M K D M I N M W Q P B C J L
L Z U R R P Z C C D Q U R Y N N I H N A
M A R A K H Y S W R Z W F D K N M Z B N
C D E W B N U M A J Y A Z B D A V I W D
F N I P S O H K C A O B L O K M B H B J
S W N H L W T P Z U V Z B C S H J W R G
S U N W S T E K Q C F L Z Q Z T N G Y W
K K O T R W Y I V K C L M D X A N S A G
N R B I S T A F K M U S S O N R H Y N L
A H G Y X Q U D H E Z G I P L C N D X P
H P Q G Q S K K U V R H Y M J R F T D X
R E R S C H W W T X I T N P I E M H X G
J H C K Z Q C U F E O E F T C Y A J W V
```

| Sweikert | Musson | Flaherty | Hanks | Bryan |
|---|---|---|---|---|
| Ward | Bonnier | Rathmann | Baghetti | Ireland |

## F1 Winners X

```
F W J X H M Y B J E I I W P L P O K G G
N M J R A E P B Y U A H J O E M O V I J
U R A K U Q J N S S V Q A J G W V B O U
K N R E I R X Y V U F Z U K Z A C I A A
Z W D Y K P T N J L G G W X A T P I M P
A D R E S Q I P I A I E J V F U N L D P
H B D W Q T F G B D N M G E X P U V F K
R A K H A Q Y D E R T D S D F A W Y E G
L Y B N J I O S N M H T B M Q D Y B I T
C G S G O C Z M S H E R R S N U M R Z B
R S H A J R U D C C R E A S O V T P X A
I X X D W G X D A K C V M A S C A E W N
C M W T A C O Y R G C E B M S K E R J D
W L D O Z V Q N F L X C I N L B S P K I
D Y G W O R Y P I G S Q L Y I X I O V N
P X T E Q S W W O F A M L Z N L O P L I
S H H F T A S X T H V T A B A X T L Z U
G H D J R H Y T T I P W P R K C L F E S
U B T X D T I X I N K S O T M A E D F L
B O P A C E C N Y G F P A W F N B R Z I
```

**Bandini**    **Ginther**    **Scarfiotti**    **Gethin**    **Cevert**
**Beltoise**    **Pace**    **Mass**    **Brambilla**    **Nilsson**

## F1 Constructors I

```
F E R R A R I O I M R F X S T M D Z H S
F Z Z F E J E B Z N S I G W A E W T N R
D T G P W M N T R S A M Z V F R W S E V
K J G J D I M C O C A V S O I C G T M H
T M J H N H V U F R H P V R W E L N F J
P Z S R V K J P D Z O M N K B D T I Q W
B X O S E T T B U C C R D R M E L O G D
U F I O N M J Y I G J N O U L S U P U L
E U Y D B S Z M D A G W M S O Q A G U L
B Y Q S A P E D T C K Y M S S V N N G U
O M M V X O N W M A Q U U W X O E I J B
E Z C K Z K W N A P A L O R Z H R C W D
M N V R E E M X T G V N W E O P D A G E
O V N T H K A R X O G E E I T T D R O R
R X G W M X R E Y N W R M R L N O D W G
A V F E L X G S X M F A C D D L D Y U B
F J M F R V P S Q D Y L R P N F I P E R
L K W E J W Q R C N X C V M A B P A S K
A H B K T M G J N V T M R O O D U D M E
J T G B N I U R E U J I Z F L Y R P R S
```

Ferrari   McLaren   Williams   Renault   RedBull
ToroRosso   Mercedes   AlfaRomeo   Haas   RacingPoint

## F1 Constructors II

```
D Z Z F O U Q A U M O A S Z R Y O T U E
H F P P O T I M R G A K J O R D A N L S
O O Z C K H V L B E H R H E W I X B D O
L U O J B I G O R H J L C K U B I K O P
Y A O G K E M T A U H A B H R R J O H E
P K K C G H N U B T T Z O A E F E Q C A
F M J N H T W S H R J Y L G I I N Q M B
K Z U Z I X Y L A J Q N V U G A A U I E
I X O J W Y F R M V X N I F I Z J T N N
P Z P W E D N F R O K L Y H L N G V A E
W L F K S K B G N E U D U Q K N W J R T
R U U V W R Z D X E L C C K I R S W D T
M I F W B G W M M C O L A R R O W S I O
V D F W D P J K R R X N Z D X Q A S O N
C S F N O K C G Q U L L M P E S S R H X
I M M X D Q O E R N Z Q H X K F A Q I Z
C K O T T V Z W Z O Q L N A J Y U T O M
O B M Z J T X C D Y M L U Q T V B U H Q
W E X F M Z W F W Q M W N U N Q E N P K
B K S U R A U U W J Q X R A U S R Q W J
```

| | | | | |
|---|---|---|---|---|
| **Lotus** | **Sauber** | **Tyrrell** | **Brabham** | **Arrows** |
| **Minardi** | **Ligier** | **Benetton** | **Jordan** | **March** |

# F1 Constructors III

```
X Z E L R O L T A H M F V O D P B O G J
B Q K N J J A Q B M K Y B L L X S G X J
N G R O T S C G Z L I A N N M Y Q V O B
S N A Q Z M R E O J N N I Q R N U C T K
M K P Q D I Z H A Z J G T O S M K M D O
P X C D R Y T O I L D C N O H B C N C I
E F I A U Z B J G Y Z Q K T G Z X G F N
D K F Q U X U Q Y T Y A V S K U O I I Y
N M R N I V T U U V V F E R F R S T L
T S H A D O W U X F V X N E W A V N I K
T B O P J A L J E G B E X T M L N E P U
T N A B K J Z A V P O G Y R S L O E A Z
C O U C N O E Y Q U I G T U L E T Z L U
R X G I I B B X J W Y L E S C S L Q D G
E E H N O F Q I H T H T E F H O L O I H
P P C X W D I Z E M X T P K J F I F L M
O C J B X B L U D K I A S R G S Z U E A
O R E W V R D S Y Q W W X B X H O N D A
C P I A H B P E Z S C M G U C S R D L Q
J A G U A R M A Y P P T O Y O T A D V A
```

| Osella | Lola | Toyota | Ensign | Cooper |
| --- | --- | --- | --- | --- |
| Fitipaldi | Surtees | Shadow | Honda | Jaguar |

# F1 Constructors IV

```
X T N N H W M O O K G X X M T V Y T A A
Z E S Q U O K L H C H J W G Z S L W S D
C A I N M L I N E R I G X W I N K Y W P
Q C F N R F R N K Z X J F C N C U F B J
D Y A U B Q M C S X O U S Q O F H N G P
E Y D C S W O E N F T K Z O L N A F Y O
D B F X N I E O E W P W T D O S G A P K
V F X D Z O O D P W X Q S A C S I C O N
Q A F Q T J A O K J F A Z L O S K T R K
Y S E Y T P R O S T T T R L Y P B Q S T
U R L H Z C W O Y D R S D A A W J V C B
V R R H E I B X P U A W D R I L Q O H B
D V A X K Q G U F U W B L A T N M M E H
D T E W K L T X X J E V B Y A H P A R F
H L N V J I V H J Q T G S T R F G H H B
Y N X W A J L I D V S Y O R E X J R Y Q
C R R Q A U Y H R C G W X J S H I E D G
T Z Q C Z M E P N G L G G B A X U T I J
V G L A Y J J T H I I F I D M H B A Z R
H X M J J W M Q I Q F N R C R E O C A S
```

| Prost | Dallara | Maserati | Coloni | Caterham |
|---|---|---|---|---|
| Stewart | Wolf | Penske | Virgin | Porsche |

## F1 Constructors V

```
V O E F Z A E L D Z F T Z R F A N R X X
A R X E Q D Z W D N G P J O B H Y H Q F
S R A J Y H K X U Q B N L M Q I V T W N
Q E U V A Z H G F B G T S M Z H P V K I
E B Y B E S T G K L R G E T H Z Q J P G
Z B E W E P T F C W L T E R G Z H Q U E
S F Z L T X A O K D I C T Y N V O W O L
J R V O L X D M N N P V V T E I E G Z V
C C I Q L A Y N F M E P F M T Z U F K E
B E Y N A C S D D G A U V L A M B O G S
T V G T N B U I X R N R S L Q W E U I Z
X G E L C X Y B U G W F T M Z J D X A I
C T W S I Y A A K F S R P I F I I O M R
Q Y O F A B G R V P L P L Q N C N I C U
V Y E I R D P A N T C T F B P F I T G T
I P E F I I X C H S O F B J T A T T U N
I P C G M D X S Z W M K C E W M R A I E
S V V O Q Y U I W Z V J T W L O A G R V
U H X H W I J D H P H I Q D T N M U E N
O Y Z Q O Q H M Q P Z Q G Q N H G B B J
```

| Lambo | Venturi | Martini | AstonMartin | Bellasi |
| Scarab | Amon | Lancia | Bugatti | McGuire |

# Indy 500 I

```
K F A D X N O L E B E P D R B S Y V L U
E V C A S T R O N E V E S B E Z E D E A
J Y V S S L X A X C B T E N W S S T N A
G A C R G J E E J G T V V T X Z W X A I
T V I Y O S T M H V B G D Y S Y L X R P
K O I W R S I Q Y U D P D G M R Y C U Z
A T P N E L S Q K X N J J K M A Y R J Q
N A D Q V S T I I Q A A B I S X A S E E
A G Q I L X R A U B Y I M M N U E N A T
A V G L L I C C S Y M T R L H Z R W Q L
N U Y N E L S A P F Z T F O R Y R W A N
O E Z R T D T Y V P X I V F Z J E J Y U
N J W F I O P O K M E H E J B T T O M M
P R H G H H H T D Q U C L M M D N U I A
S R E Z F R S N K L J N V E I G U Q V I
D T L D O I I O P Q O A Y L B M H R P N
F T D R I Q N M V C G R F D L K E J T F
L T O N B X R S G Y Y F O I H N B M H U
O E N I W J O E G T I J E R I K X Y B C
Y S A T O I H N H V K W H M V K X W B O
```

Sato    Rossi    Montoya    HunterReay    Kanaan
Franchitti    Castroneves    Dixon    Hornish    Wheldon

## Indy 500 II

```
E W C Z L L F L Z R R X O E H S E B C C
Y H R L U N S E R M N V C R Y Y G X R X
V N I P Z U C R I J A Y H C P N Y J H V
I I M W Z Y K W F B M I V I S E P C N S
Y X X R P L H Z E X H K I T Q I F H U Q
N X T Q J E F L R H C A L H I A J E T W
N U W I P B Y M R K F G L C L J U E L W
R B M E A R S F A D F G E B T P J V T T
T R N I B W F M N F G O N R U P A E U N
G Z K T G H J K G V F Z E R I Z D R B V
W X X G C O R X P Y A Y U O I C K Q W A
J R F E Z D Y Z K N B Z V C D J E J Y U
D E F B C L E K Y G A G E T L K D K O K
O I W S O E G W D A Y K B S A Z A B Y F
H Z P C L B K O N D O M Q P P E Y R K C
A A W Y S A S O E A M N E Z I M B C C G
A L V C K C V D Y Q M S U V T D A R A I
L G A Y A G T X U U N I F X T E C X R Z
K E G R L L P Z L K K N M P I Z B G B L
L B N S X S T S C D G Q L T F K W M G E
```

| Rice | Ferran | Brack | Cheever | Luyendyk |
| Lazier | Villeneuve | Unser | Fittipaldi | Mears |

# Indy 500 III

```
J J D J E S A H G T K O H S L M V T E V
O Q C N K P B O K Q M R E Z B J G A U T
H P Z J R V U L N O X W F W V H F O Z R
N K Q E G S E F R L B Y L T I S X A N A
C V X D K F I F D R X X T R M U X P P H
O A Y K C R Q A C D J A I L S L I B Q A
C U X N T G C C B M D N Y T N L X H J L
K M H R I J D E B F O D L J F I C I P B
F O Y T K U O P P L N R R M O V L L A H
W S J Q L Y N S R W V E W X L A A L X H
C P Q B W D O H R B E T G N C N R N T G
L K X Z X R H R O M A T M E F C K H D D
M B O C G O U S B L G I D L R J Y H N E
W Q V F U F E E I I L C E D S D P I W J
O Y Q T A R R Q A X K N W N I C N Z U U
G A C Y S E F P D I J R W H G B R M P U
W F K T R H W R P S N E V A V I W Y M J
K U U N W T A P P P C F J X T I X O R U
L R I G R U A V V R I B E S Q S X X W W
Z D B X Y R V I I N A X S X A N W Y S A
```

| Rahal | Sullivan | Sneva | Johncock | Rutherford |
| Foyt | Donohue | Andretti | Hill | Clark |

## Indy 500 IV

```
W H S W Q V I D U E Z Y Y P O F P R Z D
O K V U K O V I C H C D S F A O T F S T
S Z M A N R R F H B L P Q C W U O Z N L
U K R E E Y E O J T H O A Q S F U A D B
X A E P X Z X T R S V N Z I N N X B F G
G B Q O C L B J P D D Y A U O A X R Y B
O D W X G D S E N E L S V O S U P Y D Y
X U O A G X C R F S R H P X R U Q A T N
M P I W R A O R P E N Q Y O A D I N R Q
J S O A X D C R S N A Y T Y P N C K E T
G R G I H J W W A O M W R P E A B I K K
M Q K U O A N X Z J T C E H C M S U I N
F K F C V L N R V E T Q H Q J H O K E S
E B V V A L A K R C U B A K P T V M W O
Z U Q E N O W P S I R Y L V Z A H W S D
J O V F A D N C Z R Z G F B V R B C U S
A O N R T Q N N R V S W L E D N C L B B
J C H C V O C N B X C U D W R P X O I F
A M E G W N U H Y M E J T M K X C G W N
O G H O P M I F S B S N E D I N M T R Y
```

| Jones | Ward | Rathman | Bryan | Hanks |
| Flaherty | Sweikert | Vukovich | Ruttman | Parsons |

## Indy 500 V

```
C R O V N Q Y L V D X P L S C I T L A L
R K C U G A O W A K R U U K G D R V P I
F R D E U J O X G M T X L A Z N A G B A
D Z J T A W P A T N W T Y P H U Y Z P B
X T T S Q W E I C U M M I N G S V N Y X
V G A R I U R F B J A V I G V A D F U H
M S O J O X E Q Z X O U L Q U O H Y T U
A E L H X B R S M J G Z B D F D O R X X
I S T F M E E X O L S P N V Y N R T U D
I O H R E O U R Q P A M T N W A O S O E
K R W Y Y O V U T X O Q N O P L X F X O
T U D M E C Z I Y S S F C R G L O B E X
Y Q J H R A F T O H W I W Q M O N K L X
Y A M Y K N A X G O S F I D J H O O O I
D U A R Y E L G B M N L D X L P S Z S E
L E A U G P E T I L L O G W O G B V P A
O B Z Z P I D F L S D H E I D T O Z M Z
R C N B Y S N K W L I B Y P V J R R Q P
K G F R A M E R S C H N E I D E R M W L
W M X S L W H J F B I N S H A W F B B D
```

| | | | | |
|---|---|---|---|---|
| Holland | Rose | Robson | Shaw | Roberts |
| Meyer | Petillo | Cummings | Framer | Schneider |

## Le Mans I

```
A V O O K L Z L S J G S X Z Q V H L P A
U P Q P B X M N C C T T V H R W K K X P
Y X N D Z E I P R O L K V I P L R J L C
T Y R F U R I S V E S U E P R N M V B E
R V K W M M Y H E G Q N L M Q Z P F E S
Y Q G D W K A Z W R H C L G L I H Z R F
B K H B A W H S Y E F F K O T B A X N J
M P D N V N N S T B J C G H I W M A H B
M K R M H Z X F H N S M B F C J I J A A
S O M L V A G V B E M P I I Q V J U R M
T N D A M M W D U K J J O X H Q A A D B
B O K H C C F U E L U Y G J G N K W Q E
F O N T N K E B M U O G L E O B A H H R
H U R B C B L T I H N I B Q N T N I A R
X A Z G A E X A E C J C G Z E J X T R O
P I I E P L Y V D R H D F J F H I T T K
U Z R N X O G H J F H J Y H L L N B L H
L V L Y Q I Z A L O N S O H Q H A E E W
W K Y F Z P Z H E A H O N C R X J I Y O
T N I A K F H S S H X H I U M B P L V U
```

| Buemi | Alonso | Nakajima | Bernhard | Hartley |
| Bamber | Dumas | Jani | Lieb | Hulkenberg |

## Le Mans II

```
J H M E W F U N N W L N E B F K B F X F
Q N Z Q Y A I E E Y Z O A C T Y Q A N R
D A Z J F O N J I Y U M T Q G Y H S E E
K Z I B C K X R K J U B F T Q D Q S S L
V V N C J J G L K T T M W T E L S L N L
O K A V B A H S U O B V Q L L R Q E E E
B U E V H I V U S A R V L V Q M E R T F
M W P V L Z Z F Y M A U Z F Y C G R S N
P D D L G Q H X B P B F K X D N Z Y I E
Q P U Y U K A C W W H S Z C N I R I R K
N E Q O J H C M T T A U F S A S C Q K C
T Z K Y V K V U F J M Q C D T H I O N O
K T Z M K T C Q B S R K W S J M L O Y R
Q P B R A K N Q J Y E C F O V C R E E O
X I L Q L K F I K O Y F A S S L E R Q Z
B A Y M A K S O S H U X U U Z H I B D C
Y G W V L P W P F Q L W Z Y J D Y P P K
N S H W G X Q G S F E V F K I O G Y R J
L Z J U Q F W F M V R M G Y D U V A L U
Y H C O V W D Y Y H T H P G X M Q O U U
```

| Tandy | Fassler | Lotterer | Treluyer | Kristensen |
| McNish | Duval | Fassler | Rockenfeller | Brabham |

## Le Mans III

```
C V T Q C K L N B G G J I N Q X J N C R
N P U C C W E G V J W O T Q S J C J S O
U W G T X J H X M H U U C K B O F T G U
X I C G T E T A B L N S M I T H R R R S
D H O Q Q G O T I N V S F B Q S V J X E
H Z S P D A S P E B Y L F V H O E C T Z
U R O V X S K E L X J N X R R H G Q F T
H U Y O M F I T A X R I M J E Y K V V M
C W A N R W G N F X O P P T Y U M G L Q
O O B P X I P B J L R N J U S A G O C F
L Y B D A U V N B I R J J G O A J U V P
K G O L C D T V W A I T M E H B D U J V
J O L V N E B K M K P M F N H N P K R E
V I L Q D Y S Q Z H I D D E H K M R Y D
A Q E V V H L P P L J P S Z H K I E X B
A W I C Y N K E E Q R Q P M W A Q N R X
N R A B P E C A P E L L O T Z H L R U Q
W S A J T B D D O B E D X R C B B E P E
M Z T M M K F L J L C T F L M Z V W G G
M C X R E L E Z P I Q H S J J E C Z W Z
```

| Gene | Wurz | Capello | Biela | Pirro |
|------|------|---------|-------|-------|
| Werner | Lehto | Ara | Smith | Aiello |

# Le Mans IV

```
B U Y X L U W D K I C Z A I J O G K Z S
U Z L U P V I L P P H B M N W R I F D J
R U A X K G M Y I V T Q A I S L C C J J
H I U H C E K C W Q T K S V E H P P Q D
H S U W J L Z R N Y T Z S K N E H N B R
E K H P L Z Y Z O I O B P W O L G T P E
R S W P Q V U S M I H B K R J A T T O E
B J E M S Q D F C C O D F V R F A D A
E O M I Y N Q U D M A C H M U Y K S T I
R K X Z K Y S S F D G U G S V E W K E V
T C G Y F N Q T H D P D T K K I J C I O
T Y S V S Z R W E I D L E R C X X C N X
U C J T Z T W O I U E R G Q I V M X M P
H A N S E N B W Y P Q J J I W D P Q Y J
C R E U T E R V C I P T R M R C C Y J T
U B L T B K F S I B P B B L A R R U F B
O D N D B I F P H H Y J D V W F S J V T
B E O R D S D I K F X Y Z V E F Y L B F
N K Z O G N U Z M Q Q Y N D Q R I H P S
R X W X A P H H I H S N I W E Z I G K W
```

| Reuter | Jones | Bouchut | Helary | Warwick |
|---|---|---|---|---|
| Weidler | Herbert | Gachot | Cobb | Mass |

## Le Mans V

```
C Y D N Y U J Y I O M U F U L Z I A O L
K W E Z T X A Y L E W I M B S W N K O B
G R V X X Q G J J A B F A L Q K D T A K
W Z P M E E T L S B U V X T O K O R W L
W S W H C D Y Q O D I C K E N S O E U K
Z I W D S U Q S S B H F I P E U W B K W
O F T X M U X C K R T X P Q T G Y L U H
J E E C M N M P K I F Q C L B D A O G R
R J X X P A V F W S P F N Z P F H H H X
C L U D W I G X D A Z Q T E X H D I N O
P Q V G Q J X H E F Z F U O D Q I Y O Z
U V U P A Y A T T M X L W H E E O M T W
V C Y F E R O K L Z D J J X C E L M X A
Q C L G M D C G A A D W U Y A J O U M N
B B D V X Z D I M Q K B L L L T R T I X
E Q X S G Q S B M T S T D I L X A G D L
V F C B Y S C E E V B O P B A M C G T T
D U M F R I E S R W X F J Z W L S O R K
U V L K G T G N S H O L B E R T E N T R
V Q B E L L F B U J I D K E O W P M P P
```

| Dickens | Lammers | Dumfries | Wallace | Holbert |
|---|---|---|---|---|
| Bell | Ludwig | Pescarolo | Holbert | Haywood |

## Daytona 500 I

```
L C V D P X M Z X E K G K B J B W E H W
Y E H N K M Q S C L E Z V J Q W Z A D N
C E T U D O B J D G N T U N T D D R D T
P D K C B S I S M Q S W D I L L O N M N
Q O L A A I T L C N E M S O H E B H X K
S H S N O O J H M R T T E S W U Y A P E
U M I Z B M N T U U H T E E O S M R U S
I Q S L B G H R R J E Q R Q Q Q D D L B
M R N G G D F Y R I Z F J B H A V T H K
S I Q Y U V T A A Z D O B M U R S O L K
C Y P M U O Q Q Y F C E L Y M S Q M H P
Y O H A M L I N Q D E D H O D Y C B T Z
P J I N V Q M H H C N Q U C G A M H E H
V B B I A E A G B W Y X S S M A L J S O
X H J S L D A M G C I S G Q O V N F N B
L L V U Y Z B T F S V F Z O S A U O E A
A N N G U E C E E K X K Q J T T D N K Y
G M J D I R I Z S N B U H B E S X S N N
D O I W P Y J O H N S O N N O J L E A E
E F O Y L V B B Z U U X Z X Q K B O J O
```

| Dillon | Busch | Hamlin | Logano | Earnhardt |
|---|---|---|---|---|
| Johnson | Kenseth | Bayne | McMurray | Kenseth |

## Daytona 500 II

```
L Y S Q Z J K Y M T F G E Z Q G M Y Y Q
P I U E I W V J N R P G X F H P J C W M
M Y F S O X B I O S U N P K T P D D J A
X C X Z F V O A S N F A X E P V K C A R
B C S N H H M Z N A E P G X G H X E N L
P A P Y A P L H H Y Y W K N E O F W Y I
F Q Y K P M B D O S S Q M P F W R M Y N
Y X Q N Z W X H J O J Z Y A Y Z R D R M
G N E R E V M X W A A W O A N O N C O G
J Y J J Z P N C W U X B S W R I K E M N
H A N B O I L U M Y T F B S B U R T O N
S M Q R Y R M D S U U O Y X Z U H T Q H
Y G Q H D T K T Y J R V X L Y M H M V G
V S Z A K L N T U N G R T V N P S J B C
H Q Q M E A N N T D N F A N S I T D W Y
Y V U N V W Z A H Q S B Y Y D V S B K M
P S T E I U E W M P T V E M J L W I H G
O W J C C I L X X D N O A F E I N P Z W
L H A R V I C K J A R R E T T Y T O Y U
Q A C F Z H B S L Z Z B T A D W X H R Z
```

| | | | | |
|---|---|---|---|---|
| **Bayne** | **McMurray** | **Newman** | **Harvick** | **Johnson** |
| **Gordon** | **Waltrip** | **Burton** | **Jarrett** | **Marlin** |

## Daytona 500 III

```
R D Q U Q J A R R E T T O R R T N D A N
L Z C M D A B Y R S Q P S E S C G B D Q
Z L Z R J F T D W X M V H T H T Y E I I
J I F B K R M J H D X U A Z B Y G O J K
C Z M T H T A J A O V J F R F C C U W O
O J R C B J W V G Q B O D I N E Y O O G
Q Q U P V E N J K P Z K S U D W G R R Q
X N P L N M U E J V U B S B V I R I F V
P W A X N M F F U R T N Y I W G F Q X T
G S U H T W O O F P Y L E L L I O T T F
H Q R G E G H X Y A Y V S E Y C E S Y A
V G W U O U W C Z T C W Q Y O L F L J C
Y V Z O P T V Y L N M H F H W M V G A M
U D X R F H E T G A E T D E F W R M K G
R B A O M L W T J V F E U J V N K E E B
E T J B A D G E O R T G N P M U Z S P I
K V M R O F J P Q I J X H O J O L D O Y
A A B A I I O U F N Q R O E P H M T C A
B D A Y N K U V N E N M H V P Y J Z A G
C Q Y E B L P E A R S O N L K U N W I A
```

| Jarrett | Irvan | Cope | Elliott | Bodine |
| --- | --- | --- | --- | --- |
| Yarborough | Petty | Baker | Pearson | Foyt |

## Daytona 500 IV

```
V L Q M T Z Q X P I A N D R E T T I E B
N O Y Q P C P O Z B K L R D Y D A B R J
H N G U W P H F J A W W V O G F O Z L V
C N R E K Y R O M T P K S D C B D R S Q
Y O C N C I O A U H O J I G Y P K Y H W
N V F S F R D M A S C V Q E C Y G B S P
O G T O X L O B S D X B S P O X J B L W
C D N A R U E B F A P J K Q T M P O D L
A E H B Y D A M E X X N C F L C M C S Z
N C E R C Y R N S R D J I J O E O H L D
C I B R H O U H O I T L U M R P L A B C
X P L P W W Q I G U F S B L E O D M G G
X B Q L F L W F W O U D D K N B S I B G
G T I V C Q H C E D F Y M V Z L M L K Q
U P C H E V R O L E T V I P E G O T B J
X R J D G X P T K S O E P J N R B O J K
D S F C G V M E J T U C L A V U I N I S
N G E T Y T U I M L L Q C U P D L R S H
U I D U T F R Z M X K O N R N Q E Y I O
V X S C U L H B Z W W P I Z K D G P U K
```

| Hamilton | Andretti | Lorenzen | Lund | Roberts |
| --- | --- | --- | --- | --- |
| Buick | Oldsmobile | Ford | Chevrolet | Dodge |

## Grand Prix Motorcycling I

```
I O N I E T O A C P X R Q K D Z R E P D
G A A K M B K P O L Y N G H U X O D Q T
C S K G M P D V L Q R R Y A K P S S I A
G O Z Q W J M N R E S Z H I E K S Q M X
S B F G G C E R Z H X H P L C N I D F Z
Y V P B L Y E Z P Q T D I W A A M F E G
T L T Y J U N E Q T G A V O I M W W M Y
I M K P Y W X U Q O H E H O N D H E Z Z
E W C V H P Q Q N V S R P D I E M I L I
V X C H E T T R X Y H M B A T R E F U R
B Z E N N J T A S N M D W S S C Q W G E
B J O L R W D M U F B Q D G O V T D S R
F A E V C U V H R E R F W Y G S A B R P
K F V Z L F O H T J A A O H A S U Q B A
H F A R J V T R E B Q Z H U B B I A L I
D R X K X Z L Q E R I X M R L Q F Z D G
W A A A X Y S H S D E D W Z O N B H K Q
V X P W E I Y S L N X E B R G R Y K K B
R C A M I B K V P Y E V U I G O H R L Z
C Q P D L X V Q Z K T K H C G C G H Y T
```

| Agostini | Nieto | Rossi | Hailwood | Ubbiali |
| Marquez | Surtees | Read | Duke | Redman |

# Grand Prix Motorcycling II

```
C B H I U C K T F N I I X Z H D F R C S
F N F C U C L V O W R U F M G P D E S E
N H Y B Q I T Q I L E R J R U N V E N B
K I L D U L W W Q T U X X I S V Z N D U
H C T F N X O R R S I N D O I R X V B V
J R B L K E E R A D M A N G M E C I U S
S N R Y R D A Y E Y Z U Q Q A G T L E J
A U N J X W F F M N C W Q X R N B L X B
G M A N D E R S O N Z F G A T I N A P R
U Y N G T D A K P W E O W M I L O W A Y
L T D D F D B Y P G X K W G N F T U I K
Q U M W J X X Q S L J B P A E R G N G I
M D Q L W I H V N H L D F E Z O N H G O
Q B T Q A D P G O S K K A P C D I N A G
N J A Y Q G H M S B N H E T Z J L A I I
O E O O F T Q Z W C D P A G I P L H B A
V Y S U N E W Y A K O E P V K A A O Z N
S W A A F P X E L T M P V K A R B O V V
D Q L Q J O S Q O D A K U Y X K G D F I
G M A T B Y G C F T G I C G C Q Z U Q B
```

| Doohan | Lorenzo | Mang | Lawson | Ballington |
| Villa | Biaggi | Anderson | Martinez | Dorflinger |

# Grand Prix Motorcycling III

```
T A V E R I K K N G R Q S C Z Z B H D A
Z N V K U I Y C V I O Y A V I K Z R U I
V B Z X N Z X I Q U B K H X B A O A M C
E O F Z P L C L C E E H A U P V N I L U
A W K C Y O I A J L R D X Z T O L N T Q
C G I C R O D I D F T P A I G T F E O F
W Q R J L Q O C I A S A U S C N K Y X X
F P E D R O S A S L L O M O P S C W P C
F S P B D Z O V A S R O S G Q E Z S E D
N H W W V Y F F I T C X R V F M N J O Y
I K B G P A F Z S O U F D A A T J C T K
J S L K Z V U R M N A L R Z I S W Q E J
J S Y O X Q R H F E R Y X H M G H Q S R
E P H W G P V E B R G Z M R L F G Y J X
A I Y E W F L D D R K S Y V M M F O S L
C D G M E Y Y Z V T W S W F S H A D X H
H E H A L N F G T L X H L H V P P I N R
N A L T Q I E Z E A X B A K J C N B W Y
Y S J F L Q M R G G C M P A N M G K O R
C A Z Q N K Y F X R Q Y G X S I X I B R
```

| Roberts | Rainey | Spencer | Ruffo | Haas |
| Cadalora | Pedrosa | Sheene | Taveri | Stoner |

## Isle of Man TT I

```
L G O K F L J W K Y W Y C P W E H N X R
C P F U Q X M Z M I A N Y X Q M M W S T
M A Y V L K H U T C H I N S O N B G O F
M R G Z K U T T M D G C M Y D H M H R R
Z O W I H B X K H A S H D E B L J M E Y
H X K E D F J S N T W J U G E N A Y Z T
W B P L H Q B H X H V E N B I U G B N A
S W A N I G G M Q Z H S L D O S O P I G
W I H P T K F O B V A Z O X A D S S T E
Q W O N H W X T T W I Q P G Q X T S Y S
D M U U W B L F I U L O K X V A I E F L
U P W S U I J L V J W R Y X L J N N P L
P E M C C A L L E N O Y Q U M W I N P Z
W Z N W F D F V G R O E M E U N O I O P
O L G F T A L M H J D T M N M J U U L Q
X W K K L P D I I C S J Y U Z K G N I
X M M X W I Z Q S Y G N V L T H W C U Y
A X R M X N X B L Z V A Z O K Q B M D V
C I M Z P Z J Y O M B R D M K J J G J M
L G R B D N K R P D M B R K Q X P S E C
```

**JDunlop  McGuinness  MDunlop  Molyneux  Hutchinson**
**Hailwood  Anstey  Hislop  McCallen  Agostini**

## Isle of Man TT II

```
U O Q C O L D Q S G U N D O K X A N F A
L N K N D L D L A U E D L V A E B R M J
P P S W P P E P K S J B P L S Z I O B T
A O K Y Q J Y O S B R A W B A H R V S X
V D V J N B Y W M V V V J J V D C P O Z
L Q F A T T H U Y H U G Z O I D H Z N Y
S V I R Y Q O A R I P T N S L T A E Y M
E H S T G H J F B U F O B O L E L S A T
I X H L C O S S P J C Z C J E Z L L W N
R R E A V V U Y S H K R Y U N R Q R G R
E A R P O F Z V V S O E W K K E P T E V
F F K G L M L D I M J M G D F H U V E U
F Z O N F I O D F Y C I F H D G H V C Z
E O X A Q W S O P P G T M Y Z U E Y I U
J R E X Q M T K D S N R A A R O B G D A
Z S U X T Z U E C I O O K Z D L M X D H
S P W Q X L F D T O E M E N B V Q S O C
W V M A G W P I E U V J R H X Y Q H B S
W O O D S P B G L S F S J B H C L A D V
G N Z X X A K F X J Q F I S Y U T Q X O
```

| Fisher | Lougher | Woods | Boddice | Saville |
| Jefferies | Schauzu | Birchall | Moodie | Mortimer |

## Dakar Rally I

```
O K W C N H V R Z Z V O G T V X X J I S
E R F W Q S H T S F W Z Z A X M L V W B
N V O F Q C X D B A A G Q O G Y W E E A
E V L M G H W I K B S X X Z N X M C X Q
V T Z Z A L A M H W W J T A N F Q Z U O
B O I I Z E D H K A B O G K S F K T L X
A S W O F S Z C H X S Q K U J M D O Z D
P B L V S S H S T Y K I O Z U A B U N T
J D O E B E A N S L A P D O S S N K I H
W N G C M R Y I F B I E G N R U D B A O
T A W N D X I E Y I H T M I E O N Q S J
I H Z L H P T L W Z C E R H I K O M I U
J P K J Y E T K C P X R N S L A M C U B
Q L F R I U A L U T V H Z I L L Y G V W
B A L Q O V L Q I O W A D L I T H R B Q
L B K X C A A H Y G A N E B V U J S L W
C D U F F A C Z X F M S V S G N R I K V
V U X O S T V A O A D E N V Z G S E N L
L V G F S E B D U S L L U H M T Y T D E
D J M S Y F G N S F T E B L F B Q B K O
```

**AlAttiyah**   **Sainz**   **Peterhansel**   **Roma**   **Villiers**
**Alphand**   **Masuoka**   **Kleinschmidt**   **Schlesser**   **Shinozuka**

## Dakar Rally II

```
A Q I X D C Y S F M G G W K L W J B V V
T Y R J U Z S F E M M V G Z X I J C P G
T M Q L E E O N B D S K C E O Z H M C Q
P A V M U R F C E Q O J X L W N P K F R
Y R W B I I S O O M G P R X E N T I E F
S R S M T H M G B H S S O J T S A B Y I
K E R P T J Z U N X O S O A O S S M S S
N A E Q F L N I D I K F O S G I C K X D
I U I C P V J G M C W V A U B W R A H C
L O T X E G E G F D W Q E N G K N U N Z
U E S F D L U F W M B E Z B A Y E X D V
T E E V B C G N E H E Z Z A R O K D R A
T W N W A B I W D Z O T E O N I R O T T
O H E M W Y T I I L B D G D G I C X Q A
K N G I B K R K V O Y L G E N M R D K N
U X J I P U A M J I N C C C M L K O N E
Q O U A Y B L J K R Q Z E L O N W N L N
N G B A I R F G K U U A P Q I C W D T I
Q Q G Y L J G B P A A J Y N Z P G E B B
Y I A B Q F H Z E K N J B B L N U O F R
```

| Lartigue | Saby | Auriol | Vatanen | Metge |
| Zaniroli | Ickx | Marreau | Kottulinksy | Genestier |

## Ferrari Drivers

```
T R N Z N W Z M V C P W G G A Y F S F R
C T I X I P N G M U V J H H Z C C J Y U
Q E W S B B T W V R X Y D Q U W Z M N C
F X Y U E I Y A I I B K R A T J G U Z F
O A G P M W C L K O Q W M V S K Q T M X
G O N O M H O V K D L W K E O O K D T K
I Y S G H Y U Y T R G D K Q R P H N U I
P T G S I G R I O W W A Z T P H D H R N
S H B I N O V I L L E N E U V E S Z E O
G U V J V M S C T B S R K Z E Y E M H Z
J W W Q S I Q C K A N V V H V Q E A C Z
M R V X H D M L Q B D S L K D E T N A A
V C H K F B K M N J S R F T G B R S M G
S V K B H U J L H I Z X D G Y D U E U E
U A Y L G X B Z O J O G X M W N S L H R
D C D N L I X C S N O G X V N E O L C U
Q V V R P E T D N C H O E X G Y T Y S P
Z C F B J X R S O M A S C A R I H Q D D
C S J V L M L V L I L A U D A X Z P R V
F N H C C P W X A L F B H Q X F C U E G
```

**Villeneuve**  **Lauda**  **Ascari**  **Schumacher**  **Surtees**
**Regazzoni**  **Alonso**  **Prost**  **Fangio**  **Mansell**

## British Drivers

```
O B E J L V A F C S O A S Y N V S O Z O
T Y C G V D F M N T D O M G M I Q I X V
V K B G I R I A L E K Z B O Q I S G H L
Q B R K F A W N R W Q O Y Q I M H D W V
Z O M V N H S S R A H I L L W H U F D D
K X G L B T I E Q R R G X K A U L I F B
Q N A P K L P L H T I F X M C Z D N K Z
S C Z J I U B L B A U L K T X U Z H S W
T T S H H O V X O E B L N P Y B N P K N
X W S Y C C E X Q M R U O Y J W G X N R
X O O A L L K D B V Q C T A M B B W V O
L H M O A H Y O T J J P T C P M M D A H
S S N V R S A L O E W X U Y M H Q P O T
F O J W K P J M Y T K W B R U H U M J W
Q Y E W R E T U I M N L F H O R X N D A
U R P X R T J R I L Y K C K H A P K T H
H J S J X T M X L E T W S M Y Q C M M H
L F Z Y Z R K F E Q B O G Q X A X C S T
K C Y G A P G Z W L Z J N V T E B C K L
Y D L H B R J J O D O Z J H I I K N H W
```

| Clark | Stewart | Hill | Mansell | Hamilton |
|---|---|---|---|---|
| Hunt | Moss | Button | Hawthorn | Coulthard |

## Bathurst 1000 Winners

```
H Z Z G W T J T H N I C H A G U P V E L
G O Z C H E F Q C D C U F B B Y M B X S
K V F L J L U W A T G S Z M Q R O Q T Y
O M N W O F D Q P D Q R W Y B K F Z H Z
M X E K X W X C B H Y L J X G Q F M Q Z
M P G C W Y R S C O H W I S J F A F R M
L O Z O P E R K I N S E M F I R T H D E
W O G R A I Q P G O F Y W T E K Z K E N
D C W B C C S K A I F E N V N D G T F G
T P X N O V R X G E A A P S A O N C B U
Y D T Z D R I C H A R D S D J M U H V L
U T G X U E Z K F W W G W R M X M T S F
G D D C I F S M Z D M X T A L V S S S Q
G B E G S L Y F F P G Y A H A K M M F D
Y Z C O E P K Z U J Y L Z C J B D S P D
E P D W T V N O T Q V T Q I D Y G B T G
L X A J Z F L X I H Q K W R O F N A Q X
K C S P K Y M U R P H Y R P Q A N H B X
R T J B M C W Q W W Y F V U R N E G P Z
J M A F H B R H I A R K Q M S R E K J Z
```

| | | | | |
|---|---|---|---|---|
| Brock | Richards | Lowndes | Perkins | Skaife |
| Richards | Jane | Firth | Moffat | Murphy |

## Motor Racing Legends

```
M H C Z N A C K L V R T X F Q S Z X S P
M S Y P S F I M I Q T N R V S C F T L V
A H Y I G K V R G F F Y A F X H D I O H
S B E S R Y X P C T S K B M K U X D E Y
T I E G T U G G J S L R U P P M P L B Z
S F S I L K B A P O E A R N H A R D T T
C X G I K Q W O B N N L I I H C X W V T
T V O I A N E U R L P C H O V H X Q H B
A G Q L G W N L W F T A M B F E T V O O
T L J D R V R J W A V W Z P O R G R C X
M R H G I M X C J N P T I E Y R G K O N
T Z V X W F K R N G H W S K T C E I L V
S H N V P V X Y P I T W A D A P F N X Z
O M L N X X X M J O H G N X N J Q S H D
R Y N F N I Y C X J F X D H N N W E M T
P Y Y W Y E R F T B E T R L E Z A R M F
K W O Z Y E P D W Q K Y E Y S P R B Z H
H M W H A Z O G M D X U T R A Y W S B I
K P I H H Y W J H F Z T T F J V B D T M
T V C W Y B Y Q B C C P I R Z H A E H Z
```

| Prost | Foyt | Senna | Earnhardt | Clark |
|---|---|---|---|---|
| Fangio | Andretti | Schumacher | Loeb | Kinser |

Printed in Great Britain
by Amazon